Knaur.

Für dich Nathi
weil du s
lieben Mensch
Für dich Nathi
weil ich dich mag.

Esada

Knaur.

Über die Autorin:
Sabatina James (der Name ist ein Pseudonym) wurde 1982 in Pakistan geboren und ist mittlerweile österreichische Staatsbürgerin. Im Alter von zehn Jahren kommt sie mit ihrer Familie aus Pakistan nach Linz. Sie lernt die deutsche Sprache und besucht das Gymnasium. Als Sabatina 16 Jahre alt wird, finden ihre Eltern, dass sie zu westlich geworden sei, und schicken sie unter einem Vorwand nach Pakistan zurück; dort muss sie in eine strenge Koranschule, wird geschlagen und misshandelt. Als sie auch noch gegen ihren Willen heiraten soll, flieht die junge Muslima aus dem Martyrium und kehrt nach Europa zurück. Doch trifft sie hier die harte Antwort des Islam umso mehr: Ihre Familie spricht am 2. Juni 2001 ein Todesurteil über die junge Frau aus. Seitdem hält sich Sabatina in Süddeutschland versteckt.

Sabatina

Sterben sollst du für dein Glück

Gefangen zwischen zwei Welten

Knaur Taschenbuch Verlag

Besuchen Sie uns im Internet:
www.knaur.de

Vollständige Taschenbuchausgabe Juli 2006
Knaur Taschenbuch
Ein Unternehmen der Droemerschen Verlagsanstalt
Th. Knaur Nachf. GmbH & Co. KG, München

Umschlaggestaltung: ZERO Werbeagentur, München
Umschlagabbildung: FinePic
Satz: Ventura Publisher im Verlag
Druck und Bindung: Nørhaven Paperback A/S
Printed in Denmark
ISBN 978-3-426-77754-1

13 15 14 12

Auf Anraten der Polizei wurden die Namen aller handelnden Personen in diesem Buch aus Sicherheitsgründen geändert. Doch die Beschriebenen existieren; sie leben in Österreich und Pakistan.

Prolog

Manchmal, wenn ich allein auf der Straße gehe, bekomme ich Angst. Waren da nicht Schritte? Verfolgt mich jemand? Ich drehe mich abrupt um und suche mit den Augen die Straße nach möglichen Verfolgern ab, ehe ich so schnell wie möglich nach Hause laufe, ohne mich noch einmal umzudrehen.

Ich gehe selten allein auf die Straße.

Manchmal, wenn ich allein in der U-Bahn sitze und ein Pakistani in meinen Waggon steigt, zucke ich zusammen. Sucht er mich? Ist er auf mich angesetzt? Und wenn ja, von wem? Von meinen Eltern? Meinen Verwandten? Dann steige ich an der nächsten Station aus und warte ab, was er tut. Erst wenn der Zug weiterfährt und der Pakistani an mir vorbeirollt, ohne mich anzusehen, entspanne ich mich ein wenig.

Ich fahre selten allein mit der U-Bahn.

Manchmal, wenn ich abends im Bett liege und mein Handy läutet, schrecke ich hoch. Haben sie schon wieder meine Nummer herausgefunden? Wollen sie mich wieder einschüchtern? Wissen sie vielleicht sogar, wo ich wohne? Ich habe schon mehrmals meine Handynummer gewechselt, trotzdem haben sie sie jedes Mal herausgefunden und gewählt. Nachts, meist gegen Mitternacht, wenn ich normalerweise schon schlafe. Ich sage kein Wort, wenn ich abhebe, trotzdem wissen sie, dass ich am Apparat bin. »Wir finden dich«, schreien sie ins Telefon. »Wir erwischen dich. Bald holen wir dich.« Dann weiß ich, dass ich mir eine neue Bleibe suchen muss.

Wieder einmal.

Im vergangenen November bin ich einundzwanzig Jahre alt geworden. Ich wurde in einem kleinen Dorf im Nordosten Pakistans geboren und lebe heute in einer fremden Stadt, wo ich niemanden kenne und mich hoffentlich niemand erkennt. Ich bin das, was Kriminalisten ein »U-Boot« nennen: Ich habe keinen festen Wohnsitz, kaum Freunde, wenig Kontakt zur Außenwelt. Ich bin österreichische Staatsbürgerin – und ich habe große Angst, meinen nächsten Geburtstag nicht mehr zu erleben.

Das mag übertrieben klingen. Unrealistisch vielleicht. Und genauso reagierten die Behörden, als ich zum ersten Mal zur Polizei ging, um den Beamten meine Geschichte zu erzählen. Wahrscheinlich hielten sie mich für einen Teenager, der zu viele schlechte Filme gesehen und noch mehr Schundromane gelesen hatte.

Ich muss zugeben, dass meine Geschichte für Europäer tatsächlich schwer zu begreifen ist. Sie beginnt in Sarleinsbach, einem kleinen Dorf in der oberösterreichischen Provinz. Sie spielt in Linz, einer Großstadt mit immerhin zweihunderttausend Einwohnern, in Lahore, der drittgrößten Stadt Pakistans, und in einer Koranschule, in die gläubige Pakistanis ihre Kinder stecken, damit sie so gläubig werden wie sie selbst. Es geht um Liebe, um Glauben, um die Konflikte, die entstehen, wenn man in Europa aufwächst und immer noch so leben muss, als wäre man in Pakistan.

Ich habe nichts getan, wofür man sich schämen müsste; nichts, was in Europa verboten wäre. Natürlich gab es ein paar Momente in meinem Leben, die meinem Vater und seinen streng pakistanischen Vorstellungen nicht zur Ehre gereicht hätten. Aber dafür bedroht man niemanden mit dem Tod – noch nicht einmal in Pakistan. Meine Jugendzeit unterscheidet sich kaum von der vieler anderer österreichischer Kinder. Ich ging zur Schule, hatte manchmal gute, manchmal schlechte Noten, ich hatte Freunde, ging ins Kino, saß in Kaffeehäusern herum und hatte meinen ersten Freund, als ich sechzehn war.

Doch meine Eltern wollten, dass ich in Pakistan meinen Cousin heirate. Ich wollte das nicht, und deswegen riss ich von zu Hause aus. Ich flüchtete vor ihnen, vor ihren pakistanischen Wertvorstellungen, vor allem aber vor dem, was der Koran von mir als Frau verlangt. Ich begann am Islam zu zweifeln, begann zu hinterfragen – und fand die Antwort in einem neuen Glauben. Nachdem ich monatelang meine Zweifel mit mir herumgetragen hatte, konvertierte ich zum Christentum. »Komm zurück. Du weißt, was auf den Glaubenswechsel in Pakistan steht«, sagte mein Vater damals zu mir.

Mir war klar, was er damit meinte: die Todesstrafe.

In Pakistan gilt die Scharia, das islamische Rechtssystem. Und nach dieser Scharia, der sich meine Eltern in Pakistan verpflichtet fühlen, wird eine islamische Frau, die zum Christentum wechselt, zu Tode gesteinigt.

Muss ich mich wirklich fürchten? Ich weiß es nicht, und niemand kann es mir sagen. Nicht die Sozialarbeiter, an die ich mich vor zwei Jahren gewandt habe, nicht meine Bekannten und auch nicht die Polizei. Ich habe von Mädchen gehört, die Ähnliches durchlebt hatten und von ihren Verwandten tatsächlich getötet wurden: Mädchen, die wie ich in Europa aufgewachsen sind und dann von ihren Eltern nach Pakistan verschleppt wurden. Dort endet ihre Geschichte jedes Mal mit dem Tod.

Ich weiß nicht, ob sie es in letzter Konsequenz tun werden. Was ich jedoch weiß, ist, dass ich Angst habe. Eine Angst, mit der ich tagtäglich leben muss. Und ich weiß, dass mein Leben seit dieser Zeit nicht mehr normal ist.

Seit ich Christin wurde, bin ich fünf Mal umgezogen. Zuerst von meinen Eltern in eine Notschlafstelle und von dort in eine kleine Wohnung. Als sie mich fanden, zog ich in die nächste Wohnung. Als sie mich wieder fanden, zog ich in eine andere Stadt. Mittlerweile lebe ich im Hinterzimmer eines Büros. Es ist nicht sehr groß, aber ich habe dort einen Fernseher, einen Computer und ein Telefon. Es ist mein Zuhause, zumindest solange ich mich hier sicher fühle.

Ich habe Angstzustände, wenn ich allein bin, und ich bin sehr oft allein. Vor allem die Wochenenden sind schwer, wenn ich auf dem Sofa im Büro sitze und die Menschen, die normalerweise hier arbeiten, bei ihren Familien sind. Ich sitze untätig herum, starre in den Fernseher und warte, bis es wieder Montag wird.

Ich gehe nicht gerne nach draußen, und wenn ich es doch tue, dann nur in Begleitung. Ich gehe selten ins Kino, weil ich mich im Dunklen nicht wohl fühle. Es ist mehr als ein Jahr her, dass ich mich länger in einem Lokal aufgehalten habe. Ich lebe weit weg von meinen Verwandten, und dennoch ist es mir unmöglich, ihnen ganz zu entkommen. Bei meinem letzten Besuch in einem

Lokal kam ein Jugendlicher zu mir, den ich noch nie gesehen hatte, und fragte mich, ob ich nicht die Pakistani sei, die von ihren Eltern davongelaufen ist.

Ich ging sofort zurück in mein Versteck.

Wäre ich so, wie meine Eltern es wollen, dann würde mir meine Isolation wenig ausmachen. Dann wäre ich ein braves pakistanisches Mädchen, würde mich um den Haushalt kümmern, eine Schar Kinder großziehen und meinem Mann, der auch mein Cousin ist, eine anständige Frau sein.

Aber das bin ich nicht, denn ich bin kein pakistanisches Mädchen mehr. Ich habe Pakistan mit zehn Jahren verlassen, bin in Österreich aufgewachsen, habe hier gelebt, und vor allem habe ich im Gegensatz zu meinen Eltern verstanden, wie man hier lebt. Ich spreche nicht nur so wie alle österreichischen Mädchen in meinem Alter, sondern ziehe mich an wie sie, schminke mich wie sie, ich höre die gleiche Musik, lese die gleichen Bücher und sehe mir die gleichen Sendungen im Fernsehen an. Ich bin Österreicherin geworden, doch ich habe Eltern, die noch immer nach Wertvorstellungen leben, die nicht mehr die meinen sind.

Ich weiß nicht, wie real die Bedrohung ist: Ich kenne meine Eltern, und ich weiß, dass sie im Grunde liebenswerte Menschen sind. Aber gleichzeitig bin ich mir darüber im Klaren, wie wichtig Pakistanis ihre Ehre ist – eine Ehre, die ich verletzt habe.

Ich bin noch immer am Leben. Doch die Bedrohung sitzt in meinem Kopf, die Angst ist so massiv, dass sie mich am Leben hindert. An einem Leben, wie es westliche

Mädchen leben. An einem Leben, wie ich es gerne leben würde.

Meine Eltern haben gedroht, mich zu töten. Ich bin gefangen zwischen zwei Kulturen, die nicht kompatibel sind. Mein Name ist Sabatina James. Und das ist meine Geschichte.

Kapitel I

Ich wollte schon immer nach Österreich, damals, als ich noch klein war und wir in Pakistan lebten. Nicht dass ich viel über Österreich gewusst hätte: Ich wusste, dass es in Europa liegt, also ganz weit weg von zu Hause. Ich wusste, dass es dort Schnee gibt, dass die Menschen eine andere Sprache sprechen und andere Kleidung tragen. Ich wusste, dass die Menschen dort viel Geld haben und ein anderes, besseres Leben führen als wir. Das reichte mir. Dorthin wollte ich.

Damals lebten wir in Dhedar, einem kleinen Ort in der Region Gujrat im äußersten Nordosten Pakistans, knapp zwei Autostunden von Lahore entfernt. Wir, das waren mein Vater Ahmed Ali und meine Mutter Fatima, meine Brüder Hassan und Adnan, meine Schwester Aisha sowie mein Großvater Mohammed Ali und dessen Frau Amina.

Wir lebten auf einem Bauernhof und hatten für pakistanische Verhältnisse ein recht angenehmes Leben. Das Haus war nicht sehr groß, aber durchaus komfortabel und bestand im Wesentlichen aus zwei Gebäuden, die an der Vorderseite durch eine Mauer miteinander verbunden waren. Links befand sich der Wohnbereich, ein aus Lehm bestehendes Gebäude mit lediglich zwei Räumen. Einer davon diente als Schlafzimmer meines Großvaters, im anderen schliefen wir. Das zweite Gebäude war das *bahar wala ghar,* was wörtlich übersetzt »das andere Haus« heißt. Hier waren die Tiere untergebracht. Wir hatten nicht besonders viele – lediglich ein paar Hühner und drei Büffel. Und dann hatten wir am Hof noch eine ganze Menge Schlangen – allerdings ohne unser Zutun: Schlangen gibt es in Pakistan praktisch an jeder Ecke. Mir graut noch heute vor ihnen.

Ein Wohnzimmer gab es nicht, deshalb spielte sich unser Leben vorwiegend auf dem Platz zwischen den beiden Gebäuden ab. Hier hielten wir uns auf, aßen und spielten, und im Sommer, wenn es in Pakistan heiß und schwül wird, schliefen wir sogar hier. In der Mitte gab es einen einfachen Brunnen, der wörtlich übersetzt »Kuh« heißt. An der runden Oberseite, die einen Durchmesser von zwei Metern hat, befindet sich ein Holzgelenk, das ständig von zwei Kühen angetrieben wird – daher der Name. Dadurch bewegt sich ein Seil, das in einer Führungsrolle nach unten zum Wasser läuft. An diesem Strick sind zahlreiche kleine Behälter angebracht, die unablässig das kalte Wasser aus der Tiefe nach oben befördern, wo es automatisch auf eine Rinne umgeleitet wird – das war unsere Wasserversorgung.

Alles in allem waren wir keine reiche Familie, aber wir waren angesehen und gehörten zur Oberschicht in unserem Dorf. Diesen Status hatten wir vor allem meinem Großvater zu verdanken, einem strengen und tief gläubigen Mann. Mein Großvater war der Muezzin von Dhedar, und jeder aus dem Ort kannte ihn schon von Kindesbeinen an, weil er die Kinder in der Moschee in islamischer Religion unterrichtete. Jeden Morgen hörte man meinen Großvater im ganzen Dorf, wenn er aus dem Minarett zum Morgengebet rief, darüber hinaus nahm er die Zeremonie zur Hochzeit und zum Begräbnis der Dorfbewohner vor. Wenn die Leute aus Dhedar ein Problem hatten, kamen sie zu ihm und suchten seinen Rat.

Er war eine Respektsperson, was sich auch innerhalb der Familie bemerkbar machte: Er war die Autorität, derjenige, der bestimmte, was in der Familie zu passieren hatte. Offensichtlich war das immer schon so gewesen, und offensichtlich war dies für meinen Vater nicht ganz einfach.

Mein Vater verließ Pakistan mit achtzehn Jahren – kurz nachdem er die Schule abgeschlossen hatte. Er ging nach Deutschland, um dort als Kranfahrer zu arbeiten, und kam erst einige Jahre später zur Hochzeit mit meiner Mutter zurück. Wie es in Pakistan üblich ist, hatten sich die beiden vorher noch nie gesehen. Die Hochzeit war ganz im Sinne der pakistanischen Tradition von seinem Vater, meinem Großvater Mohammed Ali, arrangiert geworden, aber das störte meinen Vater nicht. Ich glaube sogar, er war sehr froh, als er meine Mutter heiratete, denn sie war damals wunderschön und sehr begehrt in ihrem Dorf Saida Braham.

Aber auch damals blieb er nur kurz und kehrte wieder nach Deutschland zurück, während meine Mutter im Haus meines Großvaters blieb. Mein Vater kam nur einmal im Jahr im Urlaub nach Hause – und dann wieder neun Monate später, zur Geburt seiner Kinder.

Als wir in Pakistan lebten, sah ich meinen Vater nur sehr selten. Großgezogen wurde ich von meiner Mutter, die jedoch nicht minder streng war. Nicht dass sie mich damals schon oft geschlagen hätte – aber sie machte mir schon früh klar, welche Rolle auf mich im Leben zukommen würde: die der Hausfrau. Schon damals musste ich oft auf meine kleine Schwester aufpassen, und ich half in der Küche und im Haushalt. Meine Brüder, die ebenfalls jünger sind, hatten damit nichts zu tun. »Sie sind Männer, du bist eine Frau«, sagte meine Mutter immer.

Aber ich war damals sehr glücklich. Ich spielte oft mit den Nachbarskindern auf der Wiese hinter unserem Haus. Und im Gegensatz zu den meisten anderen Kindern in unserem Dorf durfte ich sogar zur Schule gehen – ein echtes Privileg in Pakistan, wo es keine Schulpflicht gibt. Jeden Morgen ging ich mit ein paar anderen Mädchen aus meiner Klasse die vier Kilometer zu Fuß ins Nachbardorf Dhunni, wo es die einzige bessere Schule in der Gegend gab: eine Primary School, auf der Englisch, Urdu, Mathematik, Turnen und Religion unterrichtet wurden.

Ich ging gerne zur Schule, obwohl es ziemlich mühsam war, jeden Tag den Weg ins Nachbardorf zurücklegen zu müssen. Ich lernte gerne, und ich schrieb gute Noten.

Trotzdem wollte ich immer weg aus Dhedar – nach Europa, um dort zu leben, so wie mein Vater. In meiner Vorstellung war Europa ein Paradies, eine Gegend, in der alle Menschen viel Geld hatten, tolle Autos fuhren und teure Kleidung trugen. Dieses Bild vermittelte mir auch mein Vater, wenn er im Sommer auf Urlaub nach Hause kam und uns die Fotos zeigte, auf der eine hübsche, saubere Landschaft mit riesigen Häusern zu sehen war. Außerdem brachte er uns jedes Mal Spielsachen mit, die ich noch nie zuvor gesehen hatte: Sie waren bunt, groß und aus einem ganz anderen Material als die teilweise ziemlich ramponierten und abgenutzten Sachen, mit denen wir sonst spielten.

Mein Vater war übrigens nicht der Einzige aus unserem Dorf, der ins Ausland ging. Es gab wenig Arbeit in Dhedar, so dass es für viele den einzigen Ausweg darstellte, das Dorf und Pakistan zu verlassen. Manche von ihnen nahmen sogar ihre Familien mit. Einige Mädchen, mit denen ich in Dhedar gespielt hatte, waren im Lauf der Jahre nach England gezogen, und wenn sie manchmal während der Sommerferien zurückkamen, um ihre Verwandten zu besuchen, war das jedes Mal ein Fest. Alle Kinder aus meinem Dorf liefen dann zusammen, scharten sich um sie und lauschten ihren Geschichten aus einer anderen Welt: Die Mädchen hatten eine Menge zu erzählen, über die Musik und die Kleidung in England, über die Schulen, die Popstars und das Leben dort. Und für mich war es jedes Mal so, als wären diese Mädchen selbst Popstars. Sie wirkten so westlich, so anders als wir, allein schon deswegen, weil sie so anders angezogen waren: Sie trugen Jeans und T-Shirts statt der pakistanischen Nationalkleidung, die wir anhatten.

Natürlich wollte ich auch so sein wie sie und drängte meine Mutter, dass wir nach Europa zu meinem Vater ziehen sollten. Doch meine Mutter erwiderte immer nur, das ginge nicht.

Als ich acht Jahre alt war, zog mein Vater von Deutschland nach Österreich, wo er im Mühlviertel bei einer Baufirma arbeitete. Wir sahen uns nur selten, aber manchmal schickte er Briefe mit Fotos, einmal sogar eines, auf dem ein Kran zu sehen war. Die ganze Familie hatte sich im

Haus versammelt und bestaunte das wundersame Ding. Jeder wollte sich das Foto ansehen und es in der Hand halten. Mein Großvater war so stolz auf seinen Sohn, der dieses merkwürdige Gerät bedienen konnte, und auch meine Mutter war glücklich: Ihr Mann musste es in Europa wirklich geschafft haben, wenn er ein solches Ungetüm beherrschte. Sie lief von Haus zu Haus und zeigte das Foto sämtlichen Nachbarn. Es konnte sich zwar keiner erklären, was mein Vater mit dem Kran anstellte, aber das spielte keine Rolle.

Als er in diesem Jahr in den Sommerferien zurückkam, sagte er, dass er uns bald nachholen wollte. Doch da er dieses Versprechen schon so häufig gemacht hatte und nie etwas daraus geworden war, glaubte ich ihm nicht, um nicht wieder enttäuscht zu werden. Doch kurz nach meinem zehnten Geburtstag war es dann tatsächlich so weit.

Ich war gerade aus der Schule nach Hause gekommen, als vor unserem Hof ein Motorrad vorfuhr. Wir hatten zwar oft Besuch, aber mit einem Motorrad kamen die Leute nur selten. Ich ging zum Fenster, um nachzusehen, wer es war. Es war ein Postbote. Mein Großvater nahm den Brief in Empfang und riss das Kuvert auf, in dem sich Visa für meine Mutter, meine Geschwister und mich befanden. Ich war so aufgeregt wie noch nie in meinem Leben. Sogar mein Großvater, der sonst selten Gefühle zeigte, freute sich mit uns. Dann musste es wirklich etwas Besonderes sein.

Anfang September 1992 ging es los. Wir hatten die Visa, und auch die Flüge waren bereits gebucht – von Lahore nach Karatschi, dann weiter nach Dubai und von dort direkt nach Wien. Ich hatte mich von meinen Freundinnen im Dorf verabschiedet, in der Schule Adieu gesagt und meine Schuluniform zurückgegeben, und dann kam schon mein Vater, um uns abzuholen. Innerhalb weniger Stunden packten wir das Notwendigste ein: Ein paar Kleidungsstücke, ein bisschen Spielzeug, und meine Mutter besorgte sich Unmengen von Gewürzen, die sie mitnehmen wollte. Sie hatte zwar keine Ahnung, wie es in Österreich sein würde, aber dass sie in den Geschäften dort keine pakistanischen Gewürze würde kaufen können, war ihr klar.

In der Nacht, bevor wir zum Flughafen nach Lahore fuhren, konnte ich vor Aufregung kaum schlafen. Ich begriff, dass es nun wirklich ernst werden würde und dass ich keine Ahnung hatte, was mich in Österreich erwartete. Wie werden die Menschen dort reden, und vor allem – wie werde ich sie verstehen?, fragte ich mich. Ich hatte in der Schule zwar ein paar Brocken Englisch gelernt, aber Deutsch? Ich sprach kein einziges Wort. Wie würden wir dort leben? Wie würde unser Haus aussehen? Was würden wir essen? Inzwischen hatte ich herausgefunden, dass es in Österreich Früchte gab, die so seltsame Namen wie »Apfel«, »Kirsche« oder »Erdbeere« hatten, aber ich hatte nicht die geringste Ahnung, wie sie aussahen, da es sich dabei um exotische Früchte handelte, die hier den Reichen vorbehalten waren. Ich hingegen kannte nur die Wassermelonen und Mangos, die bei uns in jedem Garten wuchsen. Und außerdem beschäftigte mich, was ich wohl anziehen würde.

Bis zu diesem Zeitpunkt hatte ich beinahe ausschließlich ein *shalwar kameez* getragen, die pakistanische Nationalbekleidung der Frauen, die aus einer langen Bluse besteht, die bis unters Knie reicht. Davon hatte ich eine ganze Menge – aber Jeans und T-Shirts, wie es die Mädchen aus dem Westen trugen, besaß ich nicht.

Am nächsten Morgen zog ich mein bestes *shalwar kameez* an – ein gelbes, das mir meine Mutter speziell für die Reise genäht hatte. Mein Großvater fuhr uns zum Flughafen, wo alles sehr schnell ging. Wir checkten unser Gepäck ein und verabschiedeten uns vom Großvater, der es auf einmal sehr eilig zu haben schien. Er war ein sehr autoritärer Mann, der offenbar keinerlei Gefühle zeigen wollte und deshalb einen raschen, unspektakulären Abschied bevorzugte.

Dann saß ich im Flugzeug und kam aus dem Staunen nicht mehr heraus. Alles war so neu, so unwirklich. Ich hatte ja noch nie ein Flugzeug gesehen – außer im Fernsehen und als kleinen Punkt mit einem weißen Streifen, wenn von Zeit zu Zeit eine Maschine über unser Dorf hinweg flog. Und nun saß ich in einem Flugzeug der Pakistani International Airlines auf dem Weg nach Europa. Unglaublich.

Ich saß mit meiner Mutter und meiner Schwester in einer Reihe, mein Vater hatte es sich mit meinen Brüdern eine Reihe hinter uns bequem gemacht. Ich durfte am Fenster sitzen, direkt neben meiner Mutter. Die Maschine war ziemlich voll. Mit uns flogen viele Pakistanis, allerdings fast nur Männer, und darüber hinaus noch einige Engländer. Ein seltsamer Geruch nach Putzmittel hing in der Luft, und als das Flugzeug langsam zur Startbahn rollte, wurde mir plötzlich mulmig. Schuld war die Stewardess, die routiniert die Sicherheitshinweise vorlas und mir damit eine Heidenangst einjagte. Was, wenn wir tatsächlich ins Meer abstürzten? Ich begann zu schluchzen. Warum fuhren wir denn nicht mit dem Auto nach Europa?

Meine Mutter versuchte mich zu beruhigen, was mich jedoch alles andere als überzeugte – schließlich war ja auch sie noch nie mit einem Flugzeug geflogen, und dass sie ebenfalls große Angst hatte, bemerkte ich an diesem nervösen Zucken ihrer Augenlider, das sie immer bekommt, wenn sie aufgeregt ist. Ich drückte ihre Hand ganz fest und betete zu Allah, er möge uns beschützen und dafür sorgen, dass wir nicht ins Meer fielen.

Als die Stewardess das Essen servierte, wurde ich noch unsicherer. Sie stellte ein Tablett vor uns ab, auf dem sich reichlich seltsame Sachen befanden. Salz und Pfeffer kannte ich zwar, auch wenn ich sie noch nie so verpackt gesehen hatte. Aber worum handelte es sich bei den anderen drei Gegenständen und, was noch wichtiger war, wozu brauchte ich sie? Das Plastikmesser war zwar längst nicht so scharf wie die, mit denen meine Mutter zu Hause kochte, doch zumindest hatte ich so etwas schon einmal gesehen. Aber ein Löffel? Und eine Gabel? Ich schaute meine Mutter an, die jedoch ebenfalls nur ratlos mit den Schultern zuckte. Also beobachtete ich die anderen Leute im Flugzeug und versuchte sie zu imitieren – was mehr schlecht als recht funktionierte.

Unsere Reise dauerte beinahe einen gesamten Tag, da wir in Dubai umsteigen mussten. Als wir endlich in Wien landeten, war es gerade Mittagszeit.

Wenn ich mir ein großes Empfangskommando erwartet hätte, dann wäre ich ziemlich enttäuscht worden. Es waren zwar viele Menschen in der Ankunftshalle, die uns in unserer fremden Kleidung aber eher belustigt ansahen.

Schließlich kam ein Mann auf uns zu und umarmte meinen Vater. Es war Ahmed, ein pakistanischer Freund, der ebenfalls im Mühlviertel lebte und uns mit seinem Auto abholte.

Auf der Autobahn drückte ich mir fast die ganze Zeit die Nase am Fenster platt. Ich versuchte möglichst viele Eindrücke in mich einzusaugen und beobachtete verwundert, dass tatsächlich alles ganz anders aussah als bei uns zu Hause; die Häuser, die Autos und sogar die Straßen. »Die Menschen hier haben einfach ein anderes System«, erklärte mein Vater, als ich ihn fragte, weshalb hier alles so viel sauberer war als bei uns. Nicht einmal Bananenschalen lagen hier auf der Straße. Doch was genau an diesem System so anders war, konnte auch er mir nicht sagen.

Nach über zwei Stunden kamen wir endlich nach Sarleinsbach. Wir fuhren durch den Ort, bogen nach der Hauptstraße links ab und fuhren ganz langsam über einen Feldweg nach oben. »Dort oben ist unser neues Zuhause«, sagte mein Vater, und ich traute meinen Augen nicht: Alles war so grün hier. Zum ersten Mal sah ich Wälder und Berge, und die Bäume, die es gab, hatten spitze Nadeln. Und mitten auf dieser Anhöhe stand das schönste Haus, das ich bis dahin gesehen hatte: ein riesiger beeindruckender Bauernhof aus weißen Ziegeln mit einem schwarzen Schindeldach. Der Hof war nicht mehr neu, aber wahrscheinlich machte ihn gerade das so imposant. Vor dem Haus gab es einen großen Garten, in dem ein riesiger Apfelbaum stand. Es war herrlich.

Mein Vater und sein Freund hatten noch nicht einmal alle Taschen aus dem Wagen geladen, als ich bereits mit meinen Brüdern ins Haus lief. Es gab unendlich viele Zimmer, ein Badezimmer und eine Toilette, die ebenfalls ganz anders aussah als bei uns. Und dann gab es auch noch eine Küche mit einem Holzofen. Eine Sensation. Der reinste Luxus. Hier werde ich jetzt also leben, dachte ich so glücklich wie schon lange nicht mehr.

Meine Mutter hingegen war wesentlich skeptischer. Ganz langsam kam sie auf das Haus zu und sah sich verängstigt um. Und als sie in der Küche stand, verlor sie vollends die Fassung. Mein Vater wohnte bereits einige Monate in diesem Haus, hatte sich aber nie besonders ums Essen gekümmert. Deshalb gab es nur ein paar Gläser und Teller, aber keinen einzigen Kochtopf. Meine Mutter brach in Tränen aus, machte auf dem Absatz kehrt und verließ die Küche. Sie hatte ihr ganzes bisheriges Leben dem Haushalt gewidmet. In unserem Haus in Pakistan gab es zwar keine modernen Küchengeräte, aber alles war sehr funktionell eingerichtet, so dass sie immer alles unter Kontrolle gehabt hatte. Hier gab es nichts: kein Besteck, keinen Kochtopf, keine Geräte, mit denen sie vertraut war. »Womit soll ich denn hier kochen?«, schluchzte sie, »was soll ich jetzt den ganzen Tag tun?«

In diesem Moment beobachtete ich, wie die Tür des Nachbarhauses geöffnet wurde. Eine Frau kam heraus, sah das Auto und uns vor dem Haus stehen und kam den Weg herauf. »Ich bin die Frieda«, erklärte sie. Frieda war erheblich älter als meine Mutter. Schon damals hatte sie weiße Strähnen in ihren kurzen Haaren und sah für meine Begriffe äußerst üppig aus. Trotzdem wirkte sie sehr nett. Außerdem trug sie Hosen, was ich noch nie zuvor bei einer alten Frau gesehen hatte. Und dass es Frauen gab, egal ob jung oder alt, die ihre Haare kurz trugen, war mir ebenfalls neu.

Jedenfalls sah Frieda meine Mutter schluchzen und wollte von meinem Vater wissen, was los sei. Als er ihr von den fehlenden Töpfen erzählte, machte Frieda wortlos kehrt, ging zurück in ihr Haus und kehrte nach fünf Minuten mit ein paar alten Töpfen zurück, die sie meiner Mutter schenkte. »Auf gute Nachbarschaft«, sagte Frieda, worauf meine Mutter zum ersten Mal seit unserer Ankunft in Österreich lächelte. Bevor sie die Töpfe jedoch das erste Mal benutzte, wusch sie sie drei Mal und sprach die *bishmillah,* ein islamisches Gebet, dazu. Schließlich war Frieda keine Muslimin, deshalb musste sie das tun. Auch heute noch wäscht sie unser Geschirr nach diesem Ritus ab, wenn es zuvor von Nicht-Moslems benutzt wurde.

Wir kamen eine Woche vor Schulbeginn in Sarleinsbach an, und in dieser Zeit erkundete ich die Gegend. Direkt neben uns lebte eine Pensionistin, die ebenfalls sehr nett war und sich vor allem in den ersten Wochen sehr aufmerksam um ihre neuen Nachbarn kümmerte. Sie lebte mit ihrer Tochter zusammen, die ein uneheliches Kind hatte. Das ging mir damals einfach nicht aus dem Sinn. »Sie ist doch eine nette Frau«, sagte ich zu meiner Mutter, »warum macht sie ihrer Familie so eine Schande und bekommt ein Kind, obwohl sie nicht verheiratet ist?« In Pakistan hätte man Rosis Tochter wahrscheinlich gesteinigt oder mit Benzin übergossen und angezündet. Ich war mir sicher, dass sie Unrecht getan hatte, und war deshalb immer besonders vorsichtig, wenn ich ihr über den Weg lief.

Bei Frieda, die uns am ersten Tag mit den Töpfen ausgeholfen hatte, fühlte ich mich da schon sicherer. Sie war ebenfalls schon Pensionistin und lebte mit ihrem Sohn und dessen Frau in einem Bauernhaus direkt unter unserem Hügel. Ihr Sohn Max hatte eine große Werkstatt, in der er Pferdekutschen herstellte. Auch seine Frau Maria war berufstätig, was mir ausgesprochen ungewöhnlich erschien.

Frieda war einer der wichtigsten Menschen für mich in dieser Zeit. Ich war fast jeden Tag bei ihr und sagte »Mama« zu ihr, da ich nicht wusste, wie ich sie sonst nennen sollte, denn in Pakistan ist es nicht erlaubt, dass eine jüngere Person eine ältere mit dem Vornamen anspricht. Sollte ich »Frau« zu ihr sagen? Das erschien mir zu unpersönlich. »Tante«? Davon hatte ich ohnehin schon so viele. »Mama« alias Frieda wurde meine erste Freundin in Österreich.

Sie zeigte meiner Mutter und mir den Ort, stellte uns allen anderen vor und ging anfangs sogar mit uns einkaufen. Sie half uns, war für uns da, wenn wir irgendetwas brauchten, und brachte mir die ersten Brocken Deutsch bei. Dank Frieda konnte ich an meinem ersten Schultag immerhin »Grüß Gott« und »Auf Wiedersehen« sagen.

In den ersten Tagen mussten wir Friedas Hilfe sehr oft in Anspruch nehmen, denn es waren nicht nur einige Dinge, sondern nahezu alles anders als zu Hause. Die Häuser zum Beispiel, vor allem aber die Dächer. Die Häuser in Pakistan besitzen ausschließlich Flachdächer, auf denen die Menschen oft sitzen und sogar schlafen. Hier im Mühlviertel waren alle Häuser unglaublich spitz. »Wie schlafen denn die Menschen darauf?«, fragte ich Frieda in meinem ziemlich gebrochenen Deutsch, worauf sie mir erklärte, dass hier niemand auf den Dächern schlafe, weil jeder ein eigenes Schlafzimmer im Haus habe. Oder die Toiletten: Mit dieser merkwürdigen Erfindung hatte ich schon an meinem ersten Tag im Mühlviertel Bekanntschaft gemacht – und war damit nicht zurechtgekommen, da sie so ganz anders als in Pakistan war. Beim ersten Mal ging ich auf der Brille in die Hocke, weil ich nur die pakistanischen Plumpsklos gewöhnt war. Und als ich anschließend nach dem Wasserkrug suchte, um mir die Hand zu waschen, mit der ich mich wie in Pakistan üblich abgewischt hatte, musste ich meine Mutter zur Hilfe rufen – es gab nämlich keinen. Sie kam herein und lachte, aber ihre Freude währte nur kurz, weil auch sie keinen Krug fand.

Wir riefen meinen Vater, der vor der Tür stehen blieb und uns mit lauter Stimme erklärte, was es mit dieser seltsamen Papierrolle neben der Toilette auf sich hatte. »Hinter euch ist ein Kasten, und auf dem ist ein Knopf. Den müsst ihr drücken«, rief er. Wir drückten, worauf das Wasser in die Toilette spritzte. Meine Mutter und ich schrien erschrocken auf, während mein Vater vor der Tür lauthals zu lachen anfing. Natürlich kam er nicht herein, um uns zu helfen, da ich nackt war, und ein pakistanischer Mann sollte seine Tochter nicht nackt sehen, auch wenn sie erst zehn Jahre alt ist.

Eine Woche nach unserer Ankunft in Sarleinsbach begann die Schule – auch für mich. Mit zehn Jahren hätte ich zwar eigentlich schon in die Hauptschule gehen können, trotzdem wurde ich in die 4. Klasse der Volksschule eingeschult, damit ich mich nicht um Mathematik oder Rechtschreibung zu kümmern brauchte, sondern mich vor allem auf die neue Sprache konzentrieren konnte.

Am ersten Tag brachte mich meine Mutter zur Schule. Ich trug wieder mein gelbes *shalwar kameez,* das ich schon auf der Reise angehabt hatte. Als wir kurz vor acht Uhr morgens das Klassenzimmer betraten, waren alle anderen Kinder bereits da. Es war ein großes Klassenzimmer in einem alten Schulgebäude, mit Tischen und Stühlen und einer Tafel. In meiner Primary School in Pakistan hatten wir all das nicht gehabt.

Als meine Mutter und ich den Raum betraten, sagte der Lehrer irgendetwas zur Begrüßung, lächelte uns freundlich zu und gab uns die Hand. Aber natürlich hatten meine Mutter und ich keine Ahnung, was er sagte. Er bedeutete mir, zu ihm zu kommen. Dann nahm er mich an der Hand und ging mit mir durch den Raum. Ich fühlte mich seltsam, wie ein Elefant im Zoo: Alle anderen Kinder starrten mich aus großen Augen an, was nicht weiter verwunderlich ist – denn ebenso wenig wie ich zuvor in einem voll besetzten Klassenzimmer mit ordentlichen Bänken und Stühlen gewesen war, hatten sie bis dahin ein pakistanisches Mädchen mit dunkler Haut, dunklen Haaren und einem wallenden gelben *shalwar kameez* zu Gesicht bekommen.

Ich drückte die Hand meines Lehrers, als er mit mir durch den Raum ging, um mir meinen Platz zu zeigen. Und da wartete die nächste Überraschung auf mich: Ich sollte in der letzten Reihe sitzen – neben einem Jungen. Das war sonderbar. Nicht nur, dass Buben und Mädchen gemeinsam unterrichtet wurden, sie saßen auch noch nebeneinander auf ihren Bänken. In Pakistan wäre so etwas unvorstellbar. Fragend sah ich meine Mutter an und setzte mich erst hin, als sie nickte.

Die ersten paar Schultage waren ziemlich schwierig für mich, da ich kein einziges Wort von dem verstand, was gesprochen wurde. Aber dank meinem Lehrer und vor allem Frieda machte ich rasch Fortschritte, so dass ich schon bald großen Spaß in der Schule hatte. Ich lernte schnell. Und nach ein paar Wochen zeigte sich, dass ich besser rechnen konnte als die österreichischen Kinder, und auch im Turnunterricht schneller an den Stangen hinaufkletterte. Andererseits war das kein Kunststück, denn in Pakistan hatte ich ganze Nachmittage damit zugebracht, auf die Bäume in unserem Garten zu klettern.

Allmählich fassten die anderen Kinder Vertrauen zu mir. In der Pause scharten sie sich um mich und stellten mir endlose Fragen, ohne sich davon stören zu lassen, dass ich noch kaum Deutsch konnte. Sie sprachen sehr schnell, so dass ich meistens nur die Hälfte davon verstand. Trotzdem schaffte ich es, mich einigermaßen mit ihnen zu verständigen. Woher ich kam, wollten sie wissen, wie es in Pakistan aussehe, wie es in der Schule dort gewesen sei, ob wir dort auch ein Haus gehabt hätten und ob es in Pakistan auch Autos und Traktoren gebe. Und ich bemühte mich nach Kräften, vom Leben und von den Schulen in Pakistan zu erzählen.

Vor allem die Jungs stellten die Fragen nach den Autos und den Traktoren, und sie hörten sich geduldig meine langsamen, stockenden Antworten an. Die Verständigung mit den Mädchen funktionierte wesentlich besser, da wir weniger Worte benötigten. Die Mädchen waren völlig fasziniert von meinen Haaren, die mir damals bis zur Hüfte reichten. Immer wieder fragten sie mich, ob sie sie anfassen dürften. Offenbar glaubten sie, sie wären nicht echt. Wenn ich sie über meine Haare streichen ließ, bekamen sie große Augen und kicherten, was ich immer sehr nett fand. Weniger nett fand ich allerdings, dass sie mich fragten, weshalb ich so seltsam angezogen sei. Ich trug nach wie vor ein *shalwar kameez,* wenn ich zur Schule ging, und erwiderte, ich hätte nichts anderes zum Anziehen, worauf mich die Mädchen mitfühlend ansahen.

Als ich meiner Mutter davon erzählte, beschloss sie, mir westliche Kleidung zu kaufen. Noch am selben Tag fuhren wir mit meinem Vater nach Linz und gingen in einen C & A. Ich war noch nie zuvor in einem Laden wie diesem gewesen. Was für tolle Sachen es dort überall gab: Jeans, T-Shirts, Pullover, Jacken und alles in so vielen verschiedenen Farben. Im ganzen Geschäft war laute Pop-Musik zu hören, und die Verkäuferinnen, die modische Tops und Hosen trugen, halfen mir Sachen anzuziehen, die mein Herz höher schlagen ließen. An diesem Tag bekam ich meine ersten Jeans und ein Sweatshirt – damit sah ich aus wie die anderen Mädchen aus England, wenn sie zu Besuch nach Pakistan gekommen waren.

Außerhalb der Schule hatte ich in meinen ersten Wochen allerdings kaum Kontakt zu den österreichischen Kindern, da wir ziemlich zurückgezogen auf unserem Bauernhof lebten. In der Früh standen wir gemeinsam mit den Eltern auf. Wenn Vater zur Arbeit fuhr, machte ich mich mit meiner Mutter auf den Weg zur Schule. Nach der letzten Stunde kam ich sofort nach Hause, aß und spielte dann bis zum Abend mit meinen Brüdern im Garten. Wir spielten Fangen und Fußball, jagten die Ziegen der Nachbarin und machten unsere Erfahrungen mit den österreichischen Gegebenheiten: So fasste ich den elektrischen Zaun, der um die Weide der Nachbarin gespannt war, genau ein einziges Mal an …

Wir hatten viel Spaß, rannten um die Wette und kletterten auf die Bäume, also so ziemlich dasselbe wie zuvor in Pakistan, nur mit einem Unterschied: Es war viel, viel kälter.

In Pakistan hatte ich mich schon darauf gefreut, endlich einmal Schnee zu sehen, und mich gefragt, wie es möglich war, dass er vom Himmel fiel. Bislang hatte ich nämlich nur Fotos und Filme von verschneiten Landschaften gesehen, wo der Schnee immer so fest und gefährlich wirkte. Damals dachte ich immer, der Schnee falle in Platten vom Himmel, und befürchtete, man müsste im Winter im Freien einen Helm tragen, um sich nicht zu verletzen. Als es dann immer kälter und kälter wurde, beschlich mich ein mulmiges Gefühl.

Eines Morgens waren die Wiesen plötzlich weiß. Das musste also der Schnee sein. Ich stürzte in die Schule. Als der Lehrer wissen wollte, was denn passiert sei, fragte ich ihn völlig außer Atem, ob er denn den Schnee noch nicht gesehen habe. Er lachte und erklärte zu meiner Überraschung, das sei lediglich Raureif.

Als es endlich zu schneien anfing, freute ich mich riesig. Und es fielen nicht, wie befürchtet, Platten vom Himmel, sondern nur ganz leichte, dicke Flocken. Ich lief mit meinen Brüdern ins Freie, und wir gingen erst wieder ins Haus, als wir nass bis auf die Haut waren.

Der erste Winter in Österreich war wunderschön: Ich lieferte mir mit meinen Brüdern ausgelassene Schneeballschlachten, wir bauten Schneemänner, und Frieda schenkte uns sogar einen Schlitten. Auch in der Schule lief es immer besser: Mein Deutsch wurde immer flüssiger, und allmählich begann ich im Ort Freunde zu finden. Nach der Schule war ich fast immer draußen und besuchte Frieda oder spielte in ihrem Garten. Und zum Schuljahresende stand ich sogar zum ersten Mal in der Zeitung. Wie in jeder oberösterreichischen Schule legen die Kinder auch in Sarleinsbach die so genannte »Fahrrad-Prüfung« ab: Der Lehrer und ein Polizist von der örtlichen Gendarmerie sehen zu, wie man mit seinem Fahrrad herumfährt, ehe sie Fragen zu den Verkehrsregeln stellen. Wer diese Prüfung besteht, darf bereits mit zehn Jahren ohne die Begleitung der Eltern mit dem Fahrrad fahren. Insgesamt war die Prüfung alles andere als schwierig, und alle aus meiner Klasse schafften sie im Handumdrehen – doch bei mir war es der »Kronen-Zeitung« sogar eine Meldung wert: »Mädchen aus Pakistan schafft die Fahrrad-Prüfung«, stand im Lokalteil zu lesen.

Ich war genauso stolz wie meine Eltern.

Nach einem Jahr kam ich in die Hauptschule. Mit der Sprache hatte ich mittlerweile längst keine Probleme mehr. Im Gegenteil, ich konnte ebenso gut schreiben und lesen wie meine Mitschüler, und mein Akzent war beinahe genauso ausgeprägt wie der ihre. Mit geschlossenen Augen hätte man mich glatt für eine waschechte Mühlviertlerin halten können.

Ich war eine gute Schülerin, ja, man könnte sogar sagen, eine sehr gute. In Mathematik und im Turnen kam ich gut zurecht, und in Englisch langweilte ich mich sogar, da ich im Gegensatz zu meinen Mitschülern in Pakistan bereits mit sechs Jahren Englisch gelernt hatte. Besonders großen Spaß machte mir der Musikunterricht, da ich damals sehr gern und häufig sang.

Zu dieser Zeit hatte ich zwei wirklich gute Freundinnen – Anita und Katrin. Anita war ein großes Mädchen mit langen blonden Haaren, Katrin hingegen war etwas kleiner und hatte braune Haare. Beide wohnten in der Nähe unseres Hauses. Wir gingen in die gleiche Klasse, und obwohl die beiden ein Jahr jünger waren als ich, verstanden wir uns sehr gut.

Katrin war genauso wie ich ein Fan der »Kelly Family« und besaß sogar Poster von ihnen. Ich beneidete sie glühend darum, denn meine Mutter hatte mir nie erlaubt, Poster aufzuhängen, obwohl ich von Angelo und Paddy völlig hingerissen war. Ich als Mädchen dürfe keine Burschen bewundern, weil ich sonst in die Hölle kommen würde, sagte meine Mutter immer. Das saß tief.

Beinahe jeden Tag trafen wir uns nach der Schule bei Anita, deren Eltern ein riesiges Haus besaßen. Anita hatte ein eigenes Zimmer, wo wir spielten und gelegentlich auch gemeinsam unsere Aufgaben machten. Zu mir nach Hause hingegen kamen Anita und Katrin selten, was vor allem an meiner Mutter lag, die es nicht mochte, wenn wir österreichischen Besuch hatten. Wann immer die beiden bei uns waren, schlich sie um uns herum und beobachtete uns stirnrunzelnd, da sie schließlich kein Wort Deutsch sprach und kein Wort von unserer Unterhaltung verstand. Wenn ich Anita und Katrin etwas zu essen oder zu trinken angeboten hatte, wusch sie später deren Geschirr dreimal ab und sprach die *bishimillah* – was mir damals ziemlich seltsam erschien, denn im Gegensatz zu meiner Mutter empfand ich meine beiden Freundinnen keineswegs als unrein. Diese ständigen Komplikationen führten dazu, dass ich die beiden irgendwann nicht mehr mit nach Hause brachte. Meine Mutter schien sehr froh darüber zu sein, und ich glaube, dass auch Anita und Katrin insgeheim erleichtert waren. Wir sprachen nicht darüber, aber ich bin mir sicher, dass sie meine Mutter reichlich seltsam fanden und froh waren, ihren misstrauischen Blicken nicht mehr länger ausgesetzt zu sein. Deswegen verbrachte ich die meiste Zeit mit meinen Geschwistern, wenn ich zu Hause war. Da ich die Älteste war, war ich in den Augen meiner Eltern für meine Brüder und meine Schwester verantwortlich.

Eines Tages, als meine Eltern einkaufen waren, entdeckten wir auf der Weide unserer Nachbarin eine schneeweiße Ziege. Zum Spaß befestigte ich unseren Haustürschlüssel an ihrem Halsband, worauf die Ziege prompt panisch wurde und davonlief. Zu viert jagten wir das Biest, ohne eine wirkliche Chance zu haben, sie wieder einzufangen. Sie war einfach schneller. Wir hatten einen Heidenspaß – bis die Nachbarin kam. Als sie die vier pakistanischen Kinder sah, die ihre Lieblingsziege jagten, lief sie uns nach und schrie fürchterlich, so dass wir auf schnellstem Weg nach Hause flüchteten.

Meine Mutter legte keinen besonders großen Wert auf Umgang mit Österreichern. Obwohl wir bereits über ein Jahr hier waren, weigerte sie sich noch immer, die Sprache »dieser Leute« zu lernen. Sogar beim Einkaufen musste immer einer meiner Brüder, mein Vater oder ich mitgehen, um ihr zu helfen. Wenn Österreicher freundlich zu ihr waren, dann war sie ebenfalls freundlich, klärte uns danach aber ohne Umschweife auf, dass diese Leute unrein seien, weil sie Schweinefleisch aßen und Alkohol tranken.

Es war wirklich merkwürdig. Während meine Brüder, meine Schwester und ich immer westlicher wurden, lebte meine Mutter immer noch so, als wären wir in Pakistan; schlimmer noch: Je mehr sich der Rest von uns einlebte, desto pakistanischer wurde sie. Sie kapselte sich von der restlichen Welt ab, hatte keinen Kontakt zu den Einheimischen, las nichts, sah nicht fern und hörte kein Radio. Meine Mutter beschränkte sich auf ihre Rolle als Hausfrau, kochte und putzte. Das war ihr Leben. Mehr wollte sie nicht.

Das änderte sich nur, wenn wir Besuch hatten. Pakistanischen Besuch, um genau zu sein. Außer uns gab es noch einen anderen Pakistani in Sarleinsbach – Ahmed, der uns vom Flughafen abgeholt hatte, arbeitete in der Baufirma meines Vaters. Die beiden Männer hatten sich auf einer Baustellen in Deutschland kennen gelernt, und als Ahmed nach Österreich gezogen war, hatte er meinem Vater ebenfalls eine Stelle dort besorgt. Ahmed war der beste Freund meines Vaters. Er hatte weder Frau noch Familie, doch das schien ihn nicht weiter zu stören. Außerdem hatte er ja uns. Zeitweilig war er beinahe jeden Tag zum Abendessen bei uns, und im Lauf der Jahre wurde er zu so etwas wie einem fixen Bestandteil unserer Familie. Manchmal kam er sogar bei uns vorbei, wenn meine Eltern nicht da waren, setzte sich ins Schlafzimmer meiner

Eltern, wo unser Fernseher stand, und sah sich Filme an. Bei diesen Gelegenheiten brachte ich ihm immer ein Glas *chai* oder eine Kleinigkeit zu essen, trotzdem fühlte ich mich immer ein wenig unbehaglich. Ich hatte immer das Gefühl, als sehe Ahmed mich abschätzend an, und manchmal machte er mir auch Komplimente. Das Ganze war mir höchst unangenehm, so dass ich meistens aus dem Haus verschwand, sobald er sich auf unser Sofa gesetzt hatte.

Außerdem hatten meine Eltern Kontakt zu zwei pakistanischen Familien, die in Linz lebten und uns häufig besuchten. Dann lebte meine Mutter auf, kochte Unmengen *chai*, den pakistanischen Tee, und bereitete *chapatis*, die pakistanischen Fladenbrote, sowie verschiedenste Curry-Gerichte zu. Bei diesen Anlässen war sie wieder so fröhlich wie früher.

Ich hingegen wurde zunehmend eigenständiger und unternahm immer mehr mit Anita und Katrin. Wir trafen uns nach der Schule, redeten und hörten Musik. Katrin hatte damals die tollste CD-Sammlung von uns allen – und natürlich sämtliche Scheiben der »Kelly Family«.

Je älter ich wurde, desto weniger interessierte ich mich für das, was in Pakistan passierte. Als wir nach Österreich gekommen waren, hatte ich noch nahezu jede Woche Briefe an meine Cousinen und an meine alten Schulfreundinnen geschrieben. Doch mit der Zeit wurden die Briefe immer seltener. Dhedar, Dhunni und alles, was damit zusammenhing, wurden zunehmend uninteressant für mich, und wenn meine Cousinen oder mein Großvater am Telefon explizit nach mir verlangten, wusste ich meistens nicht, was ich sagen sollte. Aber zum Glück telefonierten wir nur selten. Meistens schickten wir selbst aufgenommene Kassetten nach Pakistan, da Telefonieren zu teuer war.

Damals begann ich auch zu Hause immer weniger Urdu, unsere pakistanische Landessprache, zu sprechen. Mit meinem Vater und meinen Geschwistern unterhielt ich mich ausschließlich auf Deutsch. Und selbst wenn meine Mutter, die immer noch kein Deutsch sprach, etwas von mir wollte, machte ich keine Anstalten, mich mit ihr in Urdu zu unterhalten. Innerhalb von zwei oder drei Jahren war ich zu einer echten Österreicherin geworden, auch wenn ich damals noch keine österreichische Staatsbürgerschaft besaß.

Damals sträubten sich meine Eltern nicht dagegen, zumindest meistens nicht. Sie lebten zwar ein traditionelles pakistanisches Leben, aber es gab nur wenige Dinge, die mir verboten waren, da sie mir offenbar vertrauten. Das einzige Verbot, das mich ein wenig störte, war, dass ich weder bei Anita noch bei Katrin übernachten durfte. Aber auch damit konnte ich mich arrangieren.

Ich half meiner Mutter im Haushalt, wenn sie mich darum bat. Ich ging nach wie vor mit ihr einkaufen, wusch ab und half ihr bei der Wäsche. Ich tat, was man von mir erwartete. Ansonsten gab ich meinen Eltern keinen Anlass, sich um mich Sorgen zu machen, denn im Gegensatz zu anderen war meine beginnende Pubertät keine besonders anstrengende Phase. Ich trug zwar keine pakistanischen Sachen mehr, aber auch keine aufreizende westliche Kleidung, schminkte mich nicht, und, was für meine Eltern noch wichtiger war, weder ich noch meine Freundinnen interessierten sich für Jungs.

Damals betrachtete ich mich selbst auch noch nicht als schön. Ich hatte das pakistanische Schönheitsideal von meiner Mutter übernommen, nach dem ich erstens nicht weiß genug und zweitens zu schlank war. Dass die hiesigen Vorstellungen genau gegenteilig waren, begriff ich erst viel später. Vielleicht war ich deswegen auch so verwundert, als in Sarleinsbach ein Solarium eröffnet wurde. Die Österreicher legten sich doch tatsächlich in ein Gerät, um eine dunklere Haut zu bekommen! In Pakistan wäre damit kein Geschäft zu machen, eher mit einer umgekehrten Variante – einer Maschine, mit deren Hilfe sich die Haut aufhellen lässt.

Aber wie gesagt, damals machte ich mir noch keine Gedanken darüber. Im Gegenteil: Ich war eine gläubige Muslimin. Wir beteten oft zu Hause, und ich las häufig im Koran, wobei ich ungewöhnlichen Ehrgeiz an den Tag legte.

Schon damals verteidigte ich den Islam, wo ich nur konnte – sogar in der Schule. Einmal, im Geschichtsunterricht, wurde das Thema Islam angesprochen. Die Lehrerin, eine Frau mittleren Alters mit einer strengen Frisur, sprach dauernd von »Mohammed« und den »Mohammedanern«. Das machte mich wütend. Ich stand auf und rief: »Wir sind keine Mohammedaner, sondern Muslime. Außerdem dürfen Sie den Propheten nicht einfach so beim Namen nennen, sondern müssen sagen *Mohammed, der Friede sei mit ihm.*« Die Lehrerin war ziemlich verwundert über meinen Ausbruch.

Im Musikunterricht sangen wir häufig religiöse Lieder, was ich anfangs nicht bemerkte, da mein Deutsch dafür noch zu schlecht war. Doch als es mir später auffiel, weigerte ich mich mitzusingen. Der Gesangslehrer stellte mich zur Rede. Als ich ihm erklärte, dass Muslime nichts singen dürfen, Jesus sei ein Gott, bot er mir an, statt »Jesus« einfach »Allah« zu singen. Das machte mich noch wütender. Wie konnte ein Lehrer einfach Allah und Jesus auf dieselbe Stufe stellen? Mich tröstete nur ein Gedanke: dass der Lehrer für diese Schandtat garantiert in der Hölle schmoren würde.

Mit der christlichen Religion hatte ich recht wenig zu tun. Ich wusste, dass sie existierte, weil meine Mitschüler zweimal pro Woche Religionsunterricht hatten, an dem ich nicht teilnahm. Und ich kannte den Pfarrer von Sarleinsbach, der in der Volksschule Religion unterrichtete. Er kam ein paar Mal zu uns in die Schule und war sehr nett – auch zu mir, obwohl ich keine Christin war. Einmal war ich mit meiner Klasse auch in der Sarleinsbacher Kirche. Das Gebäude gefiel mir sehr gut, weil es so eindrucksvoll und gleichzeitig friedlich war. Doch ernsthaftes Interesse brachte ich dem Christentum nicht entgegen. Nur das Kreuz, das bei uns im Klassenzimmer hing, faszinierte mich. Einmal fragte ich meinen Vater, was dieses Ding sei, das da in der Klasse hing. »Das weiß ich auch nicht«, erwiderte er, und damit war für ihn der Fall erledigt.

Ich lebte sehr gerne in Sarleinsbach, wo es nur wenige Wirtshäuser und noch weniger Geschäfte gab, von einer Disco oder einem Kino ganz zu schweigen. Nur im Sommer, wenn der Fußballverein, die Blasmusik und die Feuerwehr ihre Zeltfeste feierten, war hin und wieder etwas los. Bei diesen Gelegenheiten durfte ich mit meinen Brüdern zum Jahrmarkt, und ich genoss es in vollen Zügen, wenn mir mein Vater Zuckerwatte kaufte. Mein Leben in Sarleinsbach verlief so idyllisch, dass es schon beinahe kitschig war – aber ich genoss es. Wahrscheinlich sogar gerade weil es so unspektakulär war. Aufregungen sollte es in meinem weiteren Leben noch ausreichend geben.

Kapitel II

Ich war vierzehn, als sich mein Leben schlagartig änderte. Es war im Frühjahr 1996 und ich ging gerade in die vierte Klasse Hauptschule, als mein Vater eines Tages nach Hause kam und uns alle ins Wohnzimmer bat.

Mir war sofort klar, dass etwas passiert sein musste: Mein Vater war kein Freund von großen Familienzusammenkünften, und wenn er normalerweise etwas zu sagen hatte, tat er das ohne großes Aufhebens. Gespannt ging ich ins Wohnzimmer.

»Ich habe eine neue Stelle«, verkündete mein Vater, »und deswegen ist es notwendig, dass wir bald umziehen. In ein paar Wochen werden wir in Linz leben.«

Ich wusste nicht, wie ich reagieren sollte. Einerseits freute ich mich, weil ich gerne in einer großen Stadt leben wollte und wusste, dass ich in Linz nach der Hauptschule ein Gymnasium besuchen konnte. Andererseits lebte ich wirklich gern in Sarleinsbach. Ich hatte zwar nicht besonders viele Freunde, aber Frieda, unsere Nachbarin, war hier, ich kannte mich im Ort gut aus und genoss mein geregeltes Leben sehr. Meinen Brüdern und meiner Schwester ging es ähnlich. Nur meine Mutter freute sich ohne Vorbehalte, da sie in Sarleinsbach zunehmend einsam geworden war. Nach wie vor lehnte sie jeden Kontakt zu den Einheimischen ab, während in letzter Zeit die Besuche unserer pakistanischen Freunde aus Linz immer seltener geworden waren. In Linz, so hoffte sie, würde sich das ganz automatisch ändern.

Nur zwei Wochen später zogen wir um.

Mein Vater hatte eine Wohnung in der Wiener Straße gemietet. Sie lag im siebten Stock eines Hochhauses aus den sechziger Jahren und hatte vier Zimmer – ein Wohnzimmer, ein Schlafzimmer, ein Zimmer für meine Brüder und eines für mich und meine Schwester. Darüber hinaus gab es noch ein Bad, eine Küche und sogar einen Balkon.

Ich mochte die Wohnung, und vor allen Dingen mochte ich das Haus. Ich hatte noch nie zuvor in einem Hochhaus gelebt.

Wir waren mitten während des Schuljahres nach Linz gekommen, so dass ich noch etwas mehr als drei Monate in eine Linzer Hauptschule gehen musste, ehe ich aufs Gymnasium wechseln konnte. Schon am ersten Tag fiel mir auf, dass wir in einer völlig anderen Welt lebten, denn meine Klasse unterschied sich sehr von der Hauptschule in Sarleinsbach. Einige meiner Mitschüler rauchten schon, und auch Alkohol war den meisten von ihnen nicht mehr fremd. In Sarleinsbach waren meine Geschwister und ich die einzigen Muslime in der Schule gewesen, während in der Linzer Schule schon allein zehn in meine Klasse gingen. Doch ich war die einzige Pakistani; alle anderen stammten aus Bosnien oder der Türkei. Wir hatten sogar einen eigenen islamischen Religionsunterricht, was mich sehr freute – im Gegensatz zu meinen Mitschülern, die diese Unterrichtsstunde teilweise sogar nutzten, um Hausaufgaben für die nächste Stunde abzuschreiben.

Zu dieser Zeit war ich vierzehn Jahre alt und ein sehr gläubiges Mädchen. Zu Hause betete ich oft, und in der Schule hielt ich im Religionsunterricht regelmäßig freiwillig Referate. Es war mir ein echtes Anliegen, den anderen zu vermitteln, wie gütig und weise Mohammed war.

Mein Vater arbeitete bei einer Baufirma und jobbte nebenbei als Taxifahrer. Offensichtlich sah er in Linz die Chance, nicht nur eine Menge Geld zu verdienen, sondern sich etwas auf die hohe Kante zu legen. Denn mein Vater träumte immer noch davon, eines Tages als reicher Mann nach Pakistan zurückzukehren und sich in Dhedar, seiner Heimatstadt, ein großes Haus zu bauen. Er arbeitete viel und war selten zu Hause. Meine Brüder gingen beide in dieselbe Hauptschule wie ich, fanden im Gegensatz zu mir jedoch rasch neue Freunde und verbrachten genauso wie in Sarleinsbach die Nachmittage meist auf dem Fußballplatz. Ich hingegen war nach der Schule meistens zu Hause, half meiner Mutter und spielte mit meiner kleinen Schwester. Damals ging sie noch in die Volksschule und war ein aufmerksames, braves Kind, das viel lachte und mich als ihr großes Vorbild betrachtete.

Am meisten blühte eindeutig meine Mutter in der neuen Umgebung auf. Wir wohnten jetzt in derselben Stadt wie ihre pakistanischen Freundinnen, was dazu führte, dass sie wesentlich fröhlicher war als in den Monaten zuvor im Mühlviertel. Wir hatten regelmäßig Gäste, die meine Mutter hingebungsvoll mit traditionellen pakistanischen Gerichten bekochte. Seit wir in Linz waren, kaufte sie die Zutaten sogar ganz alleine auf dem Grünmarkt ein, obwohl sie nach wie vor nur wenig Deutsch sprach. Wenn die Gäste dann bei uns eintrafen, duftete es in der ganzen Wohnung nach Curry und frischen Blumen.

Es war ihr deutlich anzusehen, wie gut ihr Linz und ihr neues Gesellschaftsleben bekamen, und ich freute mich aufrichtig für sie.

Rückblickend betrachtet, war das Ganze vielleicht ein großer Fehler: Wären wir in Sarleinsbach geblieben, hätte meine Mutter wahrscheinlich den Anschluss an die pakistanische Gemeinde immer weiter verloren. Und wahrscheinlich hätte sie sich irgendwann einmal doch geöffnet und sich mit den Menschen im Dorf und ihrem westlichen Leben arrangiert und sogar angefreundet. Vielleicht hätte sie in diesem Fall ihre religiösen Vorurteile aufgegeben und zwangsläufig verstanden, warum ich so wurde, wie ich heute bin. In Linz hingegen ging sie völlig in der pakistanischen Gemeinde auf. Auf diese Weise konnte sie sich vollkommen von den Österreichern abschotten und in ihrer pakistanischen Welt weiterleben wie bisher.

Im September 1996 kam ich aufs Gymnasium. Es war ein Oberstufengymnasium mit Musikschwerpunkt und damit genau das Richtige für mich: Damals wie heute liebte ich Musik. Ich konnte zwar kein Instrument spielen, aber ich sang gerne und hoffte, später einmal auf ein Konservatorium gehen zu können, um Musikerin zu werden. Doch unglücklicherweise war in der Gesangsklasse kein Platz mehr frei, so dass ich in die Gitarrengruppe gehen musste.

In meiner Klasse waren fünfundzwanzig Jugendliche, die meisten davon Mädchen, die im Vergleich zu mir allein schon durch ihre Kleidung sehr erwachsen wirkten. Die Mehrzahl trug enge T-Shirts und Hosen, die ihre Figur deutlich betonten. Sie hatten moderne Frisuren, einige von ihnen rauchten und manche hatten sogar schon einen Freund. Manchmal erzählten sie in der Pause von den Partys, die sie am Wochenende gefeiert hatten, von den Lokalen, in denen sie unterwegs waren, von den Konzerten, die sie unbedingt besuchen wollten, und von Jungs, die sie kennen gelernt hatten.

Und ich stand daneben, als käme ich von einem anderen Planeten. Ich kleidete mich nach wie vor so wie in Sarleinsbach und verstand von all diesen Dingen nicht das Geringste. Für eine 15-jährige Großstädterin war ich nichts als ein ahnungsloses, naives Landei.

Und davon abgesehen war ich noch nicht einmal ein gewöhnliches Landei, denn zusätzlich zu meiner Mühlviertler Vergangenheit war ich immer noch von den pakistanischen Wertvorstellungen geprägt. Ich war gläubige Muslimin, betete oft und las mit meiner Familie regelmäßig den Koran, deshalb kamen die meisten Dinge, die meine Klassenkolleginnen interessierten, für mich nicht in Frage: Ich trug keine eng anliegende Kleidung, weil ich meine Figur nicht zeigen wollte, unsicher war und mich nicht wirklich attraktiv fand. Ich schminkte mich nicht und hatte auch keinen modischen Haarschnitt, sondern trug meine langen schwarzen Haare meistens brav zu einem Zopf gebunden. Ich wollte nicht rauchen, da sich so etwas für eine pakistanische Frau nicht gehört. Ich wollte keinen Alkohol trinken, weil das für Muslime verboten ist. Und ich interessierte mich nicht für Jungs. Was sollte ich auch mit ihnen anfangen? Die Jungs in meinem Alter wollten damals alle nur eines: möglichst rasch ihre ersten sexuellen Erfahrungen machen, was genau das war, was ich nicht wollte. Damals lehnte ich Sex vor der Ehe aus zutiefst moralischen Gründen kategorisch ab. Doch als ich den Mädchen aus meiner Klasse davon erzählte, lachten sie mich nur aus. Ich ging nie auf Partys, kannte keine Lokale in der Stadt und war auch noch nie auf einem Rockkonzert gewesen, da meine Eltern so etwas nicht erlaubten. Damals wagte ich es noch nicht, die Regeln meiner Eltern in Frage zu stellen – bis es so weit kam, sollten noch einige Monate ins Land gehen und ich mir unzählige Kränkungen gefallen lassen müssen.

Ich war eine Außenseiterin und sehr einsam in dieser Zeit.

Es war eine äußerst schwierige Lebensphase, da ich tief in meinem Inneren davon überzeugt war, dass ich Recht hatte und sich meine Klassenkolleginnen irrten. Warum sollte ich mich also ändern?

Doch ich konnte mit niemandem über die Gedanken sprechen, die mich tagtäglich beschäftigten. Mit wem hätte ich auch reden sollen? Meine Schwester Aischa war damals gerade mal zehn Jahre alt, und ihre Interessen bewegten sich natürlich nicht über ihre Puppenküche hinaus. Und meine Mutter war definitiv der falsche Ansprechpartner. Ich brauchte sie gar nicht erst zu fragen, um zu wissen, was sie über die Mädchen aus meiner Klasse dachte: Ihrer Meinung nach waren sie verzogene Gören ohne ein Gefühl von Anstand und Ehre im Leib. Für sie zogen sie sich wie Prostituierte an und dachten auch genauso; sie waren unrein und würden dafür in der Hölle schmoren. Zumindest sagte sie das ständig über die Mädchen, die sie manchmal in der Straßenbahn sah und die ähnlich aussahen wie meine Schulkolleginnen. Doch außer meiner Schwester und meiner Mutter gab es keine

Frauen in unserem Leben – abgesehen von den ausnahmslos pakistanischen Freundinnen meiner Mutter, die genauso dachten, lebten und fühlten wie sie.

Je länger ich auf das Oberstufengymnasium ging, desto einsamer wurde ich, und das machte mich mürbe, weil ich im Grunde ein durchaus kontaktfreudiger Mensch bin. Doch meine Kolleginnen schnitten mich und wollten nichts mit mir zu tun haben.

Immer häufiger dachte ich über meine Situation nach, und langsam begann ich mich zu fragen, was eigentlich so falsch am Leben meiner Schulkameradinnen war. Sie zogen sich modischer an, aber das konnte doch kein Verbrechen sein. Sie gingen ins Kino und kannten sämtliche neuen Hollywood-Filme. Vor zehn Jahren war das amerikanische Feindbild unter den Muslimen noch weit weniger ausgeprägt, weshalb auch Hollywood damals noch nicht als der Inbegriff des Bösen galt. Sie schminkten sich, aber auch das konnte kein grundsätzliches Problem sein, denn schließlich gehen auch pakistanische Frauen an hohen Festtagen zu einer Kosmetikerin. Meine Schulkameradinnen kauften sich im Plattenladen neue CDs, um die ich sie sehr beneidete. Ich stand ebenfalls auf die Popmusik der Neunziger, durfte mir aber keine CDs kaufen, weil meine Eltern dagegen waren. Ihre Gründe verstand ich allerdings nicht.

Allmählich begann ich, meine Mutter in einem anderen Licht zu betrachten. In Pakistan war sie mein absolutes Vorbild gewesen. In Sarleinsbach hatte ich sie manchmal ein wenig schrullig gefunden, da sie den Österreichern so konsequent aus dem Weg gegangen war.

Trotzdem war mir damals ihr Lebenskonzept, Hausfrau und Mutter zu sein, als das einzig Mögliche für eine Frau erschienen, und ich hatte es nicht ein einziges Mal hinterfragt.

Doch je länger ich in Linz war, desto unsicherer wurde ich. Wollte ich wirklich so leben wie sie? Ja, ich wollte irgendwann einmal heiraten und Kinder bekommen, aber trotzdem wollte ich mehr von meinem Leben. Als kleines Mädchen war Ärztin mein Traumberuf gewesen, doch mittlerweile wollte ich lieber Sängerin, Musikerin oder Schauspielerin werden. Auf jeden Fall aber wollte ich berühmt werden – was für eine 14-jährige Österreicherin nicht weiter verwunderlich ist, doch mir war klar, dass sich dieser Wunsch nicht mit der Rolle einer pakistanischen Frau vertrug, jedenfalls nicht in der Ausprägung, wie sie meine Mutter uns vorlebte.

In dieser Zeit befand ich mich in einem enormen Zwiespalt. Einerseits sah ich meine Familie mit ihren Wertvorstellungen und andererseits das Leben, das sich um mich herum abspielte. Und ich fand keinen Ausweg.

Ich begann Tagebuch zu schreiben und verbrachte über die Monate immer mehr Zeit damit. Endlos lange setzte ich mich mit meiner Rolle als Außenseiterin auseinander. Warum mögen mich die anderen nicht? Muss ich auch so werden wie sie? Was ist richtig, was ist falsch? Wohin gehöre ich?

Mehr als einmal ertappte ich mich dabei, dass ich sogar Allah mit meinen Problemen behelligte. »Allah mach, dass Sarah und Marietta mich mögen«, betete ich. Sarah und Marietta waren die coolsten Mädchen aus meiner

Klasse, nach denen sich alle anderen richteten und die mich kaum beachteten.

Dass ich auch nach all den Monaten in Linz noch immer keinen Anschluss gefunden hatte und sehr unter meiner Einsamkeit litt, wirkte sich auch auf meine Leistungen in der Schule aus. Vor allem in Mathematik und Geografie stand es schlecht, aber auch in Geschichte, Physik und Deutsch hatte ich Probleme. Kurz nach Ostern war mir klar, dass ich in diesem Schuljahr kein gutes Zeugnis bekommen würde. Meine Eltern waren entsetzt: In Sarleinsbach hatte ich doch immer zu den Besten in meiner Klasse gehört, und jetzt hatte ich in fast allen Fächern Probleme. Sie fragten mich, was mit mir los sei, aber mir war klar, dass ich ihnen nicht erzählen konnte, was mich so quälte.

Außerdem störten mich in Wahrheit meine schlechten Noten nicht, im Gegenteil: Ich war zwar froh, dass ich in ein Musikgymnasium ging, aber ich hasste den Gitarrenunterricht. Ich wollte singen, doch in meinem Jahrgang war kein Platz in der Gesangsklasse frei. Deshalb tat ich nichts, um zu verhindern, dass ich durchfiel. Ich würde die Klasse wiederholen, mein Leben ändern, so dass ich Freundinnen finden würde, und obendrein würde ich noch singen dürfen. Noch einmal ganz von vorn anfangen, das schien der einzige Ausweg für mich.

Als ich tatsächlich durchfiel, war ich also beinahe erleichtert. Und als ich dann sogar noch die Aufnahmeprüfung für die Gesangsklasse schaffte, war ich erst recht froh.

Ich kam in eine neue Klasse, in der mich niemand

kannte. Ich passte mich an änderte mein Leben so gut ich konnte und fing an, mir ernsthafte Gedanken über meine Kleidung zu machen.

In Sarleinsbach war mir das nicht wichtig gewesen, doch nun wollte ich auch enge Jeans und kurze Tops tragen. Für meine Mutter war so etwas undenkbar, also musste ich heimlich losziehen und einkaufen gehen. Ich hatte ein bisschen Geld, das ich mir über die Jahre von meinem Taschengeld angespart hatte und mit dem ich in den Freistunden zu H&M ging.

Es war jedes Mal ein Risiko, wenn ich die Kleidungsstücke vor der Wohnung in die Schultasche stopfte und hinter dem Rücken meiner Mutter in mein Zimmer schmuggelte. Zum Glück erwischte sie mich nie.

Noch schwieriger war es, mit meinen neuen Kleidern in die Schule zu gehen. Meine Mutter verabschiedete sich jeden Morgen von mir an der Wohnungstür, so dass ich die Wohnung nie mit den Klamotten verlassen konnte, die ich in der Schule tragen wollte. Also fing ich an, mich zweilagig anzuziehen: zuerst das Top, das ich in der Schule tragen wollte, und darüber die Bluse, mit der ich offiziell das Haus verließ. Auf der Straße zog ich dann die Bluse aus und stopfte sie in die Schultasche – bis zum Nachmittag, wo ich sie wieder herausholte, überzog und damit in die Wohnung marschierte.

Ich weiß nicht, ob es einen Punkt im Leben gibt, an dem man sich von einer Kultur verabschiedet und in der nächsten ankommt. Wenn ich heute zurückdenke, dann kann ich meine Verwandlung nicht mit einem bestimmten Ereignis datieren, geschweige denn an einem bestimmten Tag festmachen. Rückblickend betrachtet, gibt es nicht einmal bestimmte Verbote meiner Eltern oder bestimmte Dinge, die meine Freundinnen tun durften und ich nicht, die mich dazu gebracht haben umzudenken. Ich kann mich nur an ein Gefühl erinnern: an ein Gefühl, das mich erkennen ließ, dass ich nicht so sein wollte wie meine Mutter, sondern so wie meine Freundinnen. Es war eine sehr vage Vorstellung, an die ich mich damals klammerte. Sie hatte mit Verboten zu tun und mit Rebellion, die im Nachhinein betrachtet reichlich kindisch klingen: mit Jeans, die ich tragen wollte, und mit T-Shirts, die mir gefielen. Ich dachte damals nicht viel über meine Beweggründe nach, mich so zu verstellen, sondern betrachtete es schlichtweg als Ausweg aus meinem Dilemma. Heute weiß ich, dass es wahrscheinlich ohnehin keine andere Möglichkeit gegeben hätte. Damals war ich immerhin schon fünf Jahre in Österreich und genoss im Gegensatz zu meiner Mutter das Leben hier in vollen Zügen. Die Schule und mein Kontakt mit den Mitschülern hinterließen Spuren, und ich wurde immer westlicher – ohne es richtig zu bemerken.

Mehrere Monate ging das so, meine kleine Maskerade klappte. Wenn ich in die Straßenbahn stieg, war ich gekleidet wie alle anderen Mädchen, und wenn ich in der Schule ankam, hatte ich Lippenstift aufgetragen und die Augen mit Kajal umrandet. Und im Vergleich zu früher hatte ich mittlerweile auch keine Probleme mehr mit meinen Mitschülerinnen. Ich stand mit ihnen in der Pause zusammen, schimpfte über die Lehrer, tauschte mich über die Jungs in unserer Klasse aus und hörte gespannt zu, wenn sie von ihren Wochenenderlebnissen erzählten. Ich hatte zwar sehr wenig zu ihren Erfahrungsberichten über Knutschen, Petting und das berühmte »erste Mal« beizutragen, was im Grunde jedoch nicht weiter auffiel. Ich war glücklich und hatte das Gefühl, endlich in der Schule aufgenommen worden zu sein. Und schlagartig wurden auch meine Noten wieder besser.

Ich führte ein regelrechtes Doppelleben: Zu Hause war ich immer noch die brave Sabatina, die ordentlich betete, anständig gekleidet war und ihrer Mutter unaufgefordert im Haushalt half. Zum Glück konnte meine Mutter meine Gedanken nicht lesen, und mein Tagebuch, wo ich sie festhielt, versteckte ich so gut, dass sie es nicht finden würde.

Doch allmählich bemerkte auch sie die Veränderung. Zunächst waren es nur Kleinigkeiten: die roten Spuren auf den Taschentüchern, mit denen ich mir im Stiegenhaus den Lippenstift abwischte, oder dass die Blusen, die sie mir stets sorgfältig bügelte, immer so zerknittert im Wäschekorb lagen – kein Wunder, denn sie steckten schließlich den ganzen Tag in meiner Schultasche. Mehrmals stellte sie mich zur Rede, doch ich gab ihr lediglich ausweichende Antworten, und manchmal log ich sie sogar an.

Es war nur ein winziges bisschen Freiheit, das ich mir durch meine Schwindeleien erkämpfte. Aber genau dieser Freiraum war so unendlich wichtig für mich. Ich fand es herrlich, plötzlich wieder Freundinnen zu haben; Freundinnen wie Sophie, Barbara und Anita, die in dieselbe Klasse gingen wie ich und die mich so behandelten, als wäre ich genauso wie sie. Ich konnte zwar nicht mit ihnen ins Kino oder an den Wochenenden in die Disco gehen, aber ich stand in den Pausen mit ihnen zusammen und ging sogar manchmal mit in ein Café in der Linzer Landstraße. Diese Zeit hatte ich mir praktisch erschwindelt, indem ich zu Hause Nachmittagsunterricht vorschob oder, wenn eine Stunde ausfiel und wir früher gehen durften, einfach nicht sofort nach Hause fuhr.

Langsam begann sich die Stimmung innerhalb der Familie zu verändern. Meine Mutter wurde zunehmend misstrauischer. Sie begann mir aufzulauern und beobachtete mich durchs Küchenfenster, in welchem Aufzug ich aus der Straßenbahn stieg. Und ertappte sie mich dabei, dass ich nicht anständig gekleidet war, gab es endlose Standpauken.

Früher, in Sarleinsbach, war es ihnen egal gewesen, wie ich meine Nachmittage verbrachte. Dort hatte ich oft den ganzen Nachmittag durch die Gärten und Wiesen laufen können, ohne dass sie etwas dagegen gehabt hatten. Doch je älter ich wurde, umso strenger und misstrauischer wurden sie. Meiner Mutter muss aufgefallen sein, dass ich begann, mich von ihnen zu lösen, und dass ich das Leben in Europa längst nicht so unheilvoll fand wie sie. Außerdem – und das war der Angelpunkt für ihre Sorgen – hatte ich mittlerweile meine Periode bekommen, wonach man in Pakistan als vollwertige Frau gilt. Mit allen Konsequenzen.

Vorher war ich noch ein Kind gewesen, dem man

Freiräume einräumen konnte, doch jetzt war ich in ihren Augen plötzlich eine Frau, die streng nach den pakistanischen Vorschriften leben musste. Das bedeutet: Man trägt ein *shalwar kameez,* bedeckt sein Haar, wenn man in die Öffentlichkeit geht, man versucht genau diese Öffentlichkeit zu meiden, indem man sich praktisch nur im eigenen Haus aufhält, und man spricht nur, wenn man angesprochen wird.

Wieder und wieder erzählte mir das meine Mutter, und wann immer ich mich unangemessen, sprich »unpakistanisch«, verhalten hatte, schimpfte sie mich aus.

Und ich verhielt mich in ihren Augen häufig unangemessen, wenn auch nicht, um sie damit zu provozieren, sondern aus ehrlicher Überzeugung. Ich hatte so lange darum gekämpft, von meinen Mitschülerinnen angenommen zu werden. Jetzt wurde ich endlich akzeptiert und hatte nicht vor, das so einfach aufs Spiel zu setzen. Und je länger wir in Österreich und insbesondere in Linz lebten, umso klarer wurde mir, wie ich mir meine Zukunft vorstellte: Ich wollte hier bleiben, hier leben, und zwar so, wie alle anderen es taten.

Doch meine Mutter war vollkommen anderer Meinung: Immer wieder beschwor sie mich, mich nicht zu sehr auf Österreich einzulassen. Hier gebe es nur »Fremde« und »Ungläubige«. Ständig schimpften meine Eltern über die österreichischen Frauen. Manchmal genügte es schon, wenn meiner Mutter eine ganz normale Modezeitschrift in die Hände fiel – dann fing sie jedes Mal mit ihrer *suada* an. Ständig warnte sie mich vor den Österreichern, die ihre Frauen und Kinder verprügelten und kein gottgefälliges Leben führten. Wenn ich ihr widersprach, beschimpfte sie mich.

Unser wirkliches Leben, sagte sie, spiele sich in Pakistan ab. Ich selbst hatte im Grunde alles vergessen, was mit Pakistan zusammenhing, schließlich lebten wir zu dieser Zeit bereits seit mehr als fünf Jahren in Österreich, und bis auf ein paar Briefe und kurze Telefonate bestand für mich keine Verbindung mehr zu Dhedar und zu unserem früheren Leben dort. Trotzdem war ich in den Augen meiner Eltern ein pakistanisches Mädchen. In diesem Punkt gab es keine Diskussion. Ebenso wenig wie darüber, dass wir irgendwann nach Pakistan zurückkehren würden. Ich wusste, dass mein Vater jeden Monat Geld nach Hause schickte, um meinen Großvater zu unterstützen. Und darüber hinaus träumte er nach wie vor von einem eigenen Haus, mit dem er den Verwandten beweisen könnte, dass er es in Europa zu etwas gebracht hatte.

Genau das wollte ich nicht. Ich wollte nie wieder nach Pakistan zurück. Mein Lebensmittelpunkt war hier, und das sollte auch so bleiben. Doch das wollte ich meiner Mutter natürlich nicht sagen. Und was hätte es auch genützt? Sie hätte es ohnedies nicht verstanden, außerdem hätte es nur weitere Streitigkeiten nach sich gezogen. Also reagierte ich auf ihre Standpauken so, wie es die meisten Teenager machen: Ich ließ sie einfach reden. Lass sie schimpfen, dachte ich, morgen ist wieder Schule, und dann lebe ich so, wie ich es will.

Vielleicht lag es daran, dass ich zu einer anderen Generation gehöre, vielleicht auch daran, dass ich in Österreich aufgewachsen bin. Jedenfalls war mir inzwischen klar, dass ich vollkommen anders sein wollte als meine Mutter. Mein Leben sollte sich nicht auf Küche und Kinder beschränken: Ich wollte einen Job, mein eigenes Geld verdienen und irgendwann einen Mann heiraten, den ich mir selbst ausgesucht hatte.

Wenn ich heute daran zurückdenke, ist mir klar, dass alle Jugendlichen eine derartige Phase durchleben. Doch bei mir kam noch dazu, dass ich mich in der Pubertät auch endgültig von meinen pakistanischen Wurzeln verabschiedete. Doch damals wusste ich das nicht, und ich hatte auch niemals die Absicht, Grundsatzstreitigkeiten zu führen. Ich wollte nichts als ein paar Freiräume und mich mit meinen Freundinnen treffen – Dinge, von denen ich nicht das Gefühl hatte, damit etwas Unrechtes zu tun.

Auch mein Vater begann allmählich, mir ständig neue Vorschriften zu machen. »Du bist eine pakistanische Frau«, sagte er immer wieder. Und das war gleichbedeutend mit zahlreichen, immer rigoroseren Verboten. Ich musste nach der Schule sofort nach Hause kommen. Ich durfte nicht einmal erwähnen, dass ich gerne auf eine Party gehen wollte. Und wenn meine Freundinnen sich im Sommer zum Schwimmen trafen, durfte ich auch nicht dabei sein.

Die Anweisung meines Vaters, keinen Zentimeter Haut zu zeigen, wurde auch in der Schule langsam zum Problem. Mein Vater verlangte, dass ich beim Schulschwimmen eine lange Hose trug. Als ich das meiner Lehrerin erzählte, lachte sie nur. Doch als ich tatsächlich mit einer Jogginghose zum Schwimmunterricht erschien, verging ihr das Lachen. Sie rief meinen Vater an und drohte ihm, mich vom Turnunterricht auszuschließen. »Sabatina braucht einen Badeanzug, denn wenn sie keine ordentliche Schwimmbekleidung hat, dann kann ich ihr keine Note geben.«

Damit steckte mein Vater in der Klemme. Schließlich wollte er, dass ich ein gutes Zeugnis bekam, also erlaubte er widerstrebend, dass ich gemeinsam mit meiner Mutter losging und mir einen Badeanzug kaufte. Unter modischen Gesichtspunkten stellte sich die ganze Aktion als absoluter Fehlschlag heraus: Der Badeanzug sah bestenfalls aus wie ein Erbstück aus der Zeit der Donaumonarchie – und genauso fühlte ich mich darin. Damit wollte ich auf keinen Fall ins Freibad gehen.

Ich war wütend auf meine Mutter und noch wütender auf meinen Vater. Was war das für ein Leben, in das sie mich zwängten? Manchmal wäre ich am liebsten von zu Hause weggelaufen, doch mir wurde rasch klar, dass es keinen Ort gab, an den ich hätte gehen können.

Ich trieb mein Versteckspiel weiter. Zu Hause mimte ich das fromme pakistanische Mädchen, doch kaum war ich aus der Tür, unterschied ich mich nicht im Geringsten von anderen Teenagern. Immer häufiger beschwindelte ich meine Eltern. Ich erfand Nachmittagsunterricht, Schulsportstunden und Freigegenstände in einem Ausmaß, dass ich einen Stundenplan hatte, der einer Ganztagsschule gerecht geworden wäre. Die so gewonnene Zeit verbrachte ich mit meinen Freundinnen in Cafés und in Plattenläden, wo ich mir oft stundenlang die neuesten CDs anhörte – kaufen konnte ich sie natürlich nicht, weil meine Mutter nicht wollte, dass ich westliche Musik hörte.

Ich fand es schrecklich und ausgesprochen mühsam, mich derart zu verstellen – aber welche Wahl hatte ich schon?

Meine Mutter kontrollierte alles. Manchmal nahm sie mir beim Nachhausekommen sogar die Schultasche ab. Als sie einmal eine Ausgabe der *Bravo* darin fand, war sie außer sich vor Wut.

Die Verbote wurden immer rigoroser – und absurder. Mittlerweile zogen sie sich durch sämtliche Bereiche meines Lebens, sogar das Schultheater. Ich mochte das Theater und hatte mich für die Bühnengruppe in der Schule angemeldet. Meine Lehrerin hielt mich für durchaus talentiert, und ich stürzte mich voller Elan auf mein neues Hobby. Wir probten einmal pro Woche, und mit jeder Probe wuchs meine Begeisterung.

Bis mir mein Vater auf die Schliche kam. In seinen Augen ist Theater etwas für »Prostituierte« und »ungläubige Frauen«, also keinesfalls etwas für mich. Er beschimpfte mich und verbot mir, weiter an den Proben teilzunehmen. Unpakistanisch wäre ich, sagte er, »und eine Schande für die Familie«.

Also machte ich es heimlich.

Ein paar Monate lang ging das auch gut – bis kurz vor unserer ersten Aufführung. Schon Tage vorher war ich nervös. Wir wollten vor der ganzen Schule ein Stück unserer Lehrerin namens *Captain Daddeldu* spielen. Dabei sollte ich eine der Hauptrollen, nämlich ironischerweise die des missratenen Kindes, spielen. Am Tag der Aufführung kam ich pünktlich nach der letzten Stunde nach Hause, machte meine Hausaufgaben, lernte und half meiner Mutter in der Küche. Kurz nachdem mein Vater nach Hause gekommen war, wollte ich mich auf den Weg machen, da die Aufführung für den späten Nachmittag angesetzt war.

Als ich mir die Jacke anzog, kam mein Vater aus dem Wohnzimmer. »Wo gehst du hin?«, wollte er wissen.

Ich sah ihn mit weit aufgerissenen Augen an. »Zum Nachmittagsunterricht«, log ich.

Mein Vater runzelte die Stirn. »So spät habt ihr noch Schule?«

Ich erzählte, dass ich in den EDV-Leistungskurs müsse, der sich wegen der Krankheit eines Lehrers verschoben habe. »Bis später, Vater«, sagte ich noch und wollte schon zur Tür hinaus.

»Moment«, sagte er. Er glaubte mir kein Wort. »Wo willst du wirklich hin?«

In diesem Augenblick erinnerte ich mich wieder daran, wie stolz meine Eltern auf mich gewesen waren, als ich in der Hauptschule in Sarleinsbach im Schulchor gesungen hatte. Sie waren zu jeder Aufführung gegangen und hatten in der ersten Reihe gesessen. Einmal hatte mein Vater sogar die Videokamera dabeigehabt, um mich zu filmen. Er war gerührt gewesen und hatte mich nach dem Konzert sogar noch gelobt, wie schön ich gesungen hätte. Sollte sich das wirklich geändert haben? Wäre er jetzt nicht vielleicht auch noch stolz auf mich?

Also erzählte ich ihm alles. Von den heimlichen Proben. Vom Lob meiner Lehrerin. Von der Aufführung. Von der Hauptrolle. Ich hoffte, dass mein Vater spontan die Videokamera nehmen und mich begleiten würde. Stattdessen drehte er sich wortlos um und ging ins Wohnzimmer. »Du bleibst zu Hause, Sabatina«, sagte er streng. »Pakistanische Mädchen spielen kein Theater. Hör auf damit!«

Ich durfte nicht einmal die Lehrerin anrufen und ihr sagen, dass ich nicht zur Aufführung kommen würde. Für die Theatergruppe war mein Ausfall eine Katastrophe. Am nächsten Tag erzählte mir eine Mitschülerin, erst fünf Minuten vor Aufführungsbeginn sei ihnen klar geworden, dass ich nicht kommen würde. Daraufhin sei die Lehrerin auf die Bühne gegangen und habe den Zuschauern erklärt, dass ich nicht kommen könne, weil es mir meine Eltern verboten hätten.

Ich schämte mich wie noch nie zuvor in meinem Leben.

Was hätte ich tun sollen? Mich einfach fügen und so leben wie meine Mutter? Dazu hatte ich mich schon viel zu weit von den Vorstellungen meiner Familie entfernt. Gleichzeitig scheute ich den endgültigen Bruch, da ich nicht wusste, wie es danach weitergehen würde. Ich hatte Angst. Seitenweise füllte ich mein Tagebuch und flehte Allah an, meine Eltern davon zu überzeugen, dass sie mir mehr erlauben sollten. Es änderte sich nichts. In der Schule lief es zu dieser Zeit einigermaßen gut. Ich schrieb gute Noten und lernte gerne. Auch mit den Jungs verstand ich mich mittlerweile, meistens sogar besser als mit den Mädchen. Inzwischen hatte ich mich einer Skater-Gang angeschlossen und trug dieselben weiten Schlabberhosen, Turnschuhe und Baseball-Mützen wie sie. Keiner der Jungs kam mir zu nahe, und das fand ich gut, da ich mich damals für einen Freund definitiv noch nicht reif genug fand. Mit einem Jungen herumknutschen, das kam nicht in Frage. Zumindest dachte ich das.

Außerdem hatte ich angefangen, mir Brieffreundinnen aus den USA und England zu suchen, und ging fast jeden Tag in den Internet-Raum unserer Schule, um meine E-Mails abzurufen. Auch an unserer Schule gab es einige englischsprachige Jugendliche – Austauschschüler aus den Vereinigten Staaten. Einer davon war ein Junge namens Burim. Er war Albaner, lebte aber seit seiner Geburt mit seinen Eltern in North Carolina. Er war ein Jahr älter als ich und sah sehr gut aus – groß, ziemlich hager, dunkle, kurze Haare. Alle Mädels aus meiner Clique fanden ihn toll, und ich glaube, das wusste er auch. Er lungerte nach dem Unterricht immer vor der Schule herum und spielte meistens mit seinen Freunden Basketball. Ich fand ihn toll, und nicht nur, weil ich auch gerne Basketball spielte …

Unsere Wege kreuzten sich oft, trotzdem dauerte es sehr lange, bis wir das erste Mal miteinander redeten. Ich wollte ihn nicht ansprechen, und er traute sich offenbar auch nicht, auf mich zuzugehen. Meistens sah ich ihn, wenn er gemeinsam mit seinem Freund Immanuel im Internet-Raum saß, der ebenfalls als Austauschschüler an unserer Schule war und aus New York stammte.

Eines Tages begegnete ich den beiden wieder einmal im Internet-Raum. Ich setzte mich an einen Computer und rief meine E-Mails ab. Über Nacht waren Nachrichten meiner Brieffreundinnen und eine Mail eines Absenders eingegangen, den ich nicht kannte. Ich öffnete sie. »You look sexy today« stand da – sonst nichts. Wer war dieser unbekannte Absender? Ich hatte keine Ahnung.

Ich drehte mich um – und sah in die grinsenden Gesichter der beiden Jungs. »Ist die Mail von euch?«, fragte ich. Die beiden brachen in Gelächter aus – und Burim lief rot an.

Ab diesem Tag traf ich mich häufiger mit ihnen. Wir gingen nach der Schule spazieren, tranken Kaffee oder spielten gemeinsam Basketball. Bald war klar, wer von den beiden mich mehr interessierte. Also zog ich von da an mit Burim allein los.

Ich war sechzehn, ein pakistanisches Mädchen in Linz. Und ich hatte meinen ersten Freund.

Es war wunderschön. Burim und ich saßen stundenlang zusammen und redeten. Wir trafen uns vor allem in den Pausen, aber auch an den Nachmittagen. Zu Hause erfand ich noch mehr Lügengeschichten, nur um mehr Zeit mit ihm verbringen zu können.

Viel passierte in dieser »Beziehung« nicht, in dieser Hinsicht war ich nach wie vor sehr pakistanisch. Ich hatte Burim gleich zu Beginn klar gemacht, dass ich gläubig war und deshalb keinen Sex wollte, was er widerspruchslos akzeptierte. Manchmal küssten wir uns, aber ansonsten beließen wir es beim Händchenhalten. An den ersten echten Kuss, den ich von Burim bekam, kann ich mich heute noch erinnern: Wir gingen in einem Park spazieren, als er sich zu mir beugte. Ich spürte seine Zunge in meinem Mund, während mir ein intensiver Chlorgeruch in die Nase stieg, weil er zuvor im Schwimmbad gewesen war.

Einen knappen Monat ging das so, und ich war glücklich. Ich war zum ersten Mal in meinem Leben verliebt, und zwar mit allem, was dazugehört: Ich bekam Herzrasen, wenn ich ihn sah, und wenn ich seine Hand nahm, kam ich beinahe um vor Verlegenheit, weil ich klatschnasse Finger hatte. Seitenweise füllte ich mein Tagebuch mit Schwärmereien über Burim. Vor allem aber war ich froh, dass er im Gegensatz zu allen anderen Jungs nicht unbedingt sofort mit mir schlafen wollte. All das schrieb ich in mein Tagebuch.

Und genau das stellte sich als großer Fehler heraus.

Eines Tages, es war Anfang März 1998, kam ich von einer als Freigegenstand getarnten Verabredung mit Burim nach Hause. Selig stieg ich aus dem Aufzug und läutete an unserer Wohnungstür. Meine Eltern hatten mir nie einen eigenen Schlüssel gegeben, damit sie mich besser kontrollieren konnten. Meine Schwester öffnete die Tür und schaute mich bedrückt an.

»Was ist los, Aisha?«, fragte ich.

»Nichts«, antwortete sie und lief in unser Zimmer.

Ich folgte ihr, und da sah ich es: Mein Tagebuch lag auf dem Fußboden, die meisten Seiten herausgerissen und über dem gesamten Fußboden verstreut. »Sie hat es gefunden und gelesen«, berichtete Aisha und kroch unter ihre Bettdecke.

In diesem Moment kam meine Mutter ins Zimmer. Noch bevor ich »Hallo« sagen konnte, schlug sie schon auf mich ein. Krachend landete ihre rechte Hand auf meiner linken Wange. »Was bildest du dir ein?«, schrie sie, »du bist eine Nutte!« Sie riss mich an den Haaren, schleifte mich durchs Zimmer und schleuderte mich gegen die Wand.

Es war das erste Mal, dass sie mich schlug. Und ich bekam nicht nur eine Ohrfeige wie andere Kinder und Jugendliche, die ich kannte. Wieder und wieder zerrte sie mich an den Haaren, schlug mit der Faust in mein Gesicht und trat mich mit den Füßen.

Ich weinte und schrie, doch meine Mutter ließ nicht von mir ab. Immer wieder brüllte sie, ich sei eine Schande für die Familie, eine »österreichische Hure«. Meine Schwester wollte sich zwischen uns drängen, aber meine Mutter stieß sie nur zur Seite.

Ich versuchte meiner Mutter zu erklären, dass zwischen mir und Burim nichts Ernstes sei. Aber sie wollte nicht auf mich hören. »Du darfst das nicht. Du hast in Pakistan jemanden, dem du versprochen bist!«

Im ersten Moment dachte ich, ich hätte mich verhört. »Du bist jemandem versprochen. Also benimm dich auch so«, wiederholte sie.

Ich war entsetzt. Meine Eltern hatten schon ein paar Mal angedeutet, dass sie bereits kurz nach meiner Geburt meine Hochzeit in Pakistan für mich arrangiert hätten. Ich hatte es gehört, ohne es jedoch wirklich ernst zu nehmen. Als ich noch kleines Mädchen war, hatten sie immer wieder gesagt, dass ich einmal Salman, meinen Cousin mütterlicherseits, heiraten würde. Salman war zwei Monate jünger als ich und lebte mit seinen Eltern in

Lahore. Ich hatte ihn schon damals in Pakistan nicht oft zu Gesicht bekommen, nur zwei oder drei Mal vielleicht. Ich erinnerte mich an ihn als einen sehr stillen, zurückhaltenden Jungen. Nicht weiter auffällig jedenfalls. Wie gesagt, hatte ich die Andeutungen schon damals nicht ernst genommen – und in Österreich hatte ich sie vollends vergessen.

Nach ein paar Minuten hatte sich meine Mutter beruhigt. Ich saß auf meinem Bett und weinte, neben mir meine kleine Schwester, die ebenfalls in Tränen aufgelöst war. »Sie darf das nicht tun«, sagte Aisha immer wieder. »Ich werde dich beschützen.«

Ich legte die Arme um sie und drückte sie an mich.

Als mein Vater an diesem Abend nach Hause kam, holten er und meine Mutter mich ins Wohnzimmer. Er war überraschend nett. Ich musste mich bei ihm entschuldigen und ihm versprechen, mich nie wieder mit einem Jungen zu treffen. Ich versprach es ihm. »Ich verzeihe dir«, sagte er dann, »aber es darf nie wieder vorkommen.«

Am nächsten Tag erzählte ich Burim noch vor der ersten Schulstunde, was vorgefallen war. Ich machte mit ihm Schluss, da ich zu große Angst vor meinen Eltern hatte. Burim konnte zwar nur den Kopf schütteln, trotzdem glaube ich, dass er mich verstand.

Mein damaliger Klassenvorstand in der Schule hieß Radhuber, ein sehr netter Mann von knapp vierzig. Er hatte uns immer wieder gesagt, wir sollten zu ihm kommen, wenn wir Probleme hätten. Nun hatte ich eines, aber sollte ich damit wirklich zu ihm gehen? Dann wäre alles gleich offiziell, und ich wollte weder meiner Mutter noch meinem Vater schaden. Sie waren schließlich meine Eltern.

Andererseits: Was war, wenn es wieder passierte? Wenn mich meine Mutter wieder brutal schlug? Den ganzen Vormittag lang konnte ich mich kaum auf den Unterricht konzentrieren. Sollte ich mit ihm reden? Oder lieber doch nicht?

Nach der großen Pause nahm ich meinen Mut zusammen und ging zu ihm. Wir zogen uns in die Schulbibliothek zurück, damit uns niemand hören konnte. Er bemerkte sofort, wie schwer es mir fiel, ihm alles zu erzählen. »Mach dir keine Sorgen«, versicherte er mir, »ich werde nichts veranlassen, was du nicht willst.«

Ich erzählte ihm meine ganze Geschichte. Dass ich nicht mit meinen Freundinnen ausgehen durfte, sondern immer sofort nach der Schule nach Hause kommen musste; ich erzählte ihm die Sache mit dem Schultheater und auch von Burim. Herr Radhuber hörte mir geduldig zu, dann verschwand er kurz im Konferenzzimmer und kam mit einem Flugblatt zurück. »Zufluchtsstätte für Jugendliche in Krisensituationen« stand darauf. Mit diesen Leuten sollte ich mich einmal unterhalten, sie könnten mir bestimmt weiterhelfen, meinte er.

Als ich an diesem Tag das Schulgebäude verließ, überlegte ich lange, was ich als Nächstes tun sollte. Sollte ich dort wirklich hingehen? Ich wusste nicht, was mich dort erwarten würde, außerdem empfand ich das als ziemlich großen Schritt. Gut, meine Mutter hatte mich geschlagen, und zwar so heftig, dass meine Lippe aufgeplatzt war. Aber andererseits war sie schließlich meine Mutter. Sie war Pakistani und konnte kaum ein Wort Deutsch. Was, wenn ihr die Mitarbeiter der Zufluchtsstätte Probleme machten? Und was würde dann mit mir passieren? Ich wollte damals nicht, dass es zu einem großen Streit mit meinen Eltern kam.

Andererseits war mir die Ausweglosigkeit meiner Situation damals durchaus bewusst. Ich war nicht wie meine Eltern, so viel stand fest. Ich wollte auch nicht das Leben führen, das sie für mich geplant hatten – und schon gar nicht wollte ich irgendjemanden heiraten, den sie für mich ausgesucht hatten. Es war offensichtlich, dass meine Probleme nicht aufhören würden und dass es irgendwann einmal zu einer großen Konfrontation mit meinen Eltern kommen musste. Denn nach meinem Gefühl war ich Österreicherin. Sie hingegen lebten nach Moralvorstellungen, die aus dem Mittelalter stammten – zumindest empfand ich es so. Auch wenn ich kein Tagebuch mehr schreiben und keinen Jungen mehr küssen würde, wäre ich doch nie so, wie sie es sich vorstellten.

Ich fuhr zur Zufluchtsstätte. Das Beratungszentrum war in einem großen, gelben Haus untergebracht. Alles sah hell und freundlich aus. Auf den Gängen hingen Fotos, und die Menschen, denen ich im Flur begegnete, sahen alle sehr nett aus. Ich sprach mit einem Sozialarbeiter, der mir erklärte, was die Zufluchtsstelle für mich tun könnte. Mit meinen Eltern reden, zum Beispiel, mich vor ihnen beschützen, und wenn ich wollte, konnte ich hier auch einziehen.

Das war für mich zu diesem Zeitpunkt vollkommen undenkbar, trotzdem war ich froh, dass ich jetzt zumindest wusste, wo ich hingehen könnte, falls es notwendig sein sollte.

Anschließend fuhr ich nach Hause. Meine Mutter, die sich am Vortag noch wie eine Furie benommen hatte, beachtete mich kaum – und das, obwohl ich beinahe zwei Stunden zu spät nach Hause kam.

Ich wunderte mich ein wenig darüber, aber gleichzeitig war ich auch erleichtert. Vielleicht bereute sie ja, was tags zuvor geschehen war, vielleicht würde jetzt alles wieder besser werden.

Nichts wurde besser, rein gar nichts. Es gelang meiner Mutter, sich gerade einmal eine Woche lang zurückzuhalten, doch dann war alles wie zuvor, sogar noch schlimmer. Sie gestand mir keinerlei Freiheiten mehr zu: Ich durfte mich am Nachmittag nicht mehr mit meinen Schulfreundinnen treffen oder ins Kino gehen, noch nicht einmal in die Nachmittagsvorstellungen. An Partys, Disco-Besuche oder Konzerte war nach wie vor nicht einmal zu denken.

Schon bei der geringsten Kleinigkeit, beispielsweise, wenn ich zu enge Jeans anhatte, bezog ich Prügel von meiner Mutter. Oder wenn ich ein T-Shirt trug, bei dem man meine Brüste auch nur erahnen konnte. Oder wenn sie auch nur einen Hauch von Make-up auf meinem Gesicht entdeckte, wenn ich nach Hause kam.

Sie verbot mir strikt den Umgang mit einigen Mädchen aus meiner Klasse – mit Österreicherinnen, die ihrer Meinung nach zu freizügig gekleidet und damit in ihren Augen »Nutten« waren. Und jeden Nachmittag, wenn ich nach Hause kam, stand meine Mutter am Küchenfenster, um zu kontrollieren, mit wem ich aus der Straßenbahn stieg. War ein Junge dabei, gab es sofort Schläge.

Manchmal reichte es auch schon, wenn pakistanische Freunde meiner Eltern irgendetwas erzählten. Wenn sie mich nach der Schule zufällig mit Schulfreunden in der Stadt gesehen hatten, gab es zu Hause einen heftigen Streit. Und handelte es sich auch noch um männliche Schulfreunde, dann setzte es wieder Prügel.

Fast ein Jahr lang ging das so. Ich lebte wie in einem Gefängnis – mitten in Linz. Meine beiden Brüder kümmerte all das wenig. Die beiden, zwei und vier Jahre jünger als ich, bekamen genau den Freiraum, den ich haben wollte. Sie durften nach der Schule machen, was sie wollten. Sie gingen zu Partys und Fußballspielen und durften manchmal sogar bei ihren Freunden übernachten, während bei mir so etwas undenkbar gewesen wäre. Nur meine Schwester war auf meiner Seite – aber mit ihren zehn Jahren war sie damals noch viel zu klein, um irgendetwas zu begreifen. Sie verstand nur, dass ich oft traurig war und nachts ständig weinte.

Mein Vater war etwas freundlicher als meine Mutter, aber als liberal konnte man auch ihn beim besten Willen nicht bezeichnen. »Pakistanische Frauen machen das nicht«, sagte er, wenn ich mich beschwerte, dass ich nicht ins Kino oder tanzen gehen durfte. »Und du bist eine pakistanische Frau!«

Heute ist mir klar, dass meine Eltern wahrscheinlich selbst große Zweifel daran hatten. Auch ihnen war nicht entgangen, dass ich mich sehr weit von ihnen und ihrem

Leben entfernt hatte und nicht so war wie sie in ihrer Jugend. Und wahrscheinlich plagten sie damals auch Gewissensbisse. Sie hatten mich schließlich selbst nach Österreich gebracht und fühlten sich verantwortlich für meine Veränderung. Ob ihnen damals schon klar war, dass es so kommen musste und dass sie keine Chance hatten, mich mitten in Österreich nach streng pakistanischen Vorstellungen zu erziehen, weiß ich nicht. Trotzdem muss meinen Eltern klar gewesen sein, dass sie mich nicht vollständig von der Außenwelt abschotten konnten und dass ich auf diese Außenwelt reagieren würde – so wie ich schließlich auch tatsächlich auf sie reagiert *habe*, indem ich mich angepasst, assimiliert habe. Wie hätte ich auch anders reagieren können? Im Gegensatz zu ihnen war ich in einem Land aufgewachsen, in dem es für Jugendliche zahllose Zerstreuungen gibt. In einem Land, in dem das nächste Kino nicht fünf Autostunden, sondern fünf Straßenbahnstationen entfernt ist; in einem Land, in dem die Jugendlichen MTV sehen und den Lifestyle, den sie dort auf dem Bildschirm präsentiert bekommen, sofort um wenig Geld bei H&M kaufen können; in einem Land, in dem Kinder nicht von ihren Lehrern verprügelt werden dürfen, in dem jeder eine vernünftige Schule besuchen kann und in dem es für Frauen weit mehr Möglichkeiten gibt als die Aussicht auf einen Ehemann, Kinder und einen Herd.

Ich bin überzeugt, sie wussten das, und sie wussten auch, wie chancenlos ihr Vorhaben war, mich nach ihren Wertvorstellungen zu erziehen. Und wahrscheinlich machte sie gerade dieser Umstand so verzweifelt und unberechenbar.

In dieser Zeit begannen meine Eltern ständig davon zu sprechen, dass ich eines Tages in Pakistan heiraten würde, und erzählten von meinem Cousin Salman. Wie gut er aussehe, wie ausgezeichnet er in der Schule sei und zu was für einem netten Mann er sich entwickelt habe. Ebenso wie ich hatten sie Salman vor sechs Jahren zum letzten Mal gesehen.

Wie bereits erwähnt, glaubte ich diese Heiratsgeschichte anfangs nicht. Welches österreichische Mädchen würde heute noch von ihren Eltern zwangsverheiratet werden? So tief im Mittelalter konnten nicht einmal meine Eltern leben. Doch als dieses Thema immer wieder zur Sprache kam, beschlichen mich langsam Zweifel. »Ich kenne ihn doch gar nicht«, sagte ich, »ich kann ihn gar nicht heiraten.« Und jedes Mal bekam ich dieselbe nüchterne, unmissverständliche Antwort: Doch, du wirst Salman heiraten.

Im Gegensatz zu mir und meinen Geschwistern hielten Vater und Mutter auch damals ständigen Kontakt nach Pakistan. Sie telefonierten häufig mit meinem Großvater, und meine Mutter redete regelmäßig mit meinem Onkel – Salmans Vater.

Eines Abends, als ich gerade meine Schulaufgaben machte, hörte ich sie mit meiner Tante, Salmans Mutter, telefonieren. Ich versuchte sie zu belauschen, aber sie sprach zu leise. Durch die geschlossene Tür konnte ich nur hören, wie sie sich ständig bedankte.

Als sie aufgelegt hatte, kam sie in mein Zimmer, und ich sah, dass Tränen in ihren Augen standen. Es waren Tränen der Rührung. Sie trat neben mich und umarmte mich zum ersten Mal seit Monaten. »Sie hat dich akzeptiert. Deine Tante wünscht dich zur Schwiegertochter«, sagte sie.

Mir schossen ebenfalls die Tränen in die Augen – wenn auch keineswegs vor Rührung. Ich war damals siebzehn, und es gab eine Menge Dinge, die ich in meinem Leben noch erreichen wollte – meinen Cousin zu heiraten, um dann in einem Dorf in Pakistan zu leben, gehörte ganz bestimmt nicht dazu. Und genau das sagte ich in meiner Wut auch meiner Mutter, worauf ich schlimmere Prügel bezog als je zuvor.

In den folgenden Wochen wurden die Torturen noch schlimmer. Es verging kaum ein Tag, an dem ich von meiner Mutter keine Schläge bekam. Im Februar 1999 reichte es mir endgültig, und ich wandte mich wieder an die Zufluchtsstelle für Jugendliche. Ich erzählte den Sozialarbeitern alles, auch die Hochzeitspläne mit Salman, worauf sie beschlossen, mit meinen Eltern ein Familiengespräch zu führen.

Am nächsten Tag, es war der 25. Februar 1999, kam es in der Zufluchtsstelle zu diesem Gespräch, an dem außer meinen Eltern und mir auch noch ein Sozialarbeiter teilnahm. Meine Mutter sagte kein Wort, und meinem Vater war deutlich anzusehen, wie unangenehm ihm das Ganze war.

Es war entsetzlich. Meine Eltern stritten alles ab: Ich sei niemals geschlagen worden und hätte angeblich alle Freiheiten dieser Welt. Sogar diese Eheschließung sei wesentlich weniger dramatisch, erzählten sie dem Sozialarbeiter. »Wenn sie Salman heiratet, dann nur freiwillig«, versicherte mein Vater.

»Die Eltern erscheinen durchaus kooperativ. Andererseits werden ihre religiös-kulturellen Vorstellungen doch sehr klar«, notierte der Sozialarbeiter anschließend in seinem Protokoll.

Zu dritt kehrten wir nach Hause zurück – und wieder änderte sich nichts. Ich konnte es meiner Mutter nicht recht machen, was auch immer ich tat. Ich half ihr in der Küche, aber das genügte ihr nicht. Ich trug konservativere Kleidung, doch ihr war sie eindeutig zu aufreizend. Ich kam zehn Minuten später als geplant nach Hause, weil ich die Straßenbahn verpasst hatte – und bekam wieder Prügel.

Die Situation spitzte sich immer weiter zu. Es verging fast kein Tag, an dem es nicht aus irgendwelchen Gründen zu Streitereien kam. Doch mit der Zeit wurde es mir mehr und mehr egal. Im Gegenteil, ich ließ es darauf ankommen und gab mir immer weniger Mühe, mich zu verstellen. Ich würde niemals so werden wie sie! Nach der Schule ging ich mit meinen Freundinnen ins Café, ich schminkte mich und wischte mir die Schminke auf dem Nachhauseweg mehr schlecht als recht ab, ich hörte westliche Musik und trug westliche Kleidung. Die Beschimpfungen und Kränkungen meiner Mutter ertrug ich mit fast stoischem Gleichmut. Sie waren mittlerweile zu einem festen Bestandteil meines Lebens geworden.

Mir war klar, dass es irgendwann zum Eklat kommen musste. Doch selbst das interessierte mich eigentlich nicht mehr.

Eines Tages im Mai war es schließlich so weit. Der Grund für die Eskalation war nichtig: Es ging um ein T-Shirt, das meine Mutter im Wäschekorb gefunden hatte und das ihr entschieden zu freizügig war. Rückblickend betrachtet, unterschied sich jener Tag durch nichts von den vorangegangenen, und warum ich genau an diesem Tag die Reißleine zog, kann ich heute nicht mehr sagen. Offenbar musste es einfach sein.

Ich war noch im Schlafanzug, als meine Mutter zu toben begann. Ich hörte sie schon im Badezimmer brüllen, und als sie dann in meinem Zimmer auftauchte, hatte sie dieses T-Shirt in der Hand – ein blaues Shirt von H&M mit kurzen Ärmeln, das mir bis über die Hüften reichte. Sie nahm das T-Shirt und schlug es mir um die Ohren. Ich brach in Tränen aus und schrie, sie solle aufhören, als sie in ihrer Raserei nach einem spitzen Schuh griff und mich mit voller Wucht damit im Gesicht traf. Ich spürte, dass meine Lippe aufplatzte. Blut sickerte aus meinem Mund. Ich stürzte aus der Wohnung, noch immer im Schlafanzug. Es war ein Reflex, aber ich konnte ihre Schläge einfach nicht länger über mich ergehen lassen.

So schnell ich konnte lief ich die Treppe hinunter und läutete bei der nächstbesten Wohnung. Dort lebte eine junge Afrikanerin, der ich schon einige Male begegnet war, ohne jedoch je ein Wort mit ihr gewechselt zu haben. Glücklicherweise war sie zu Hause. Sie öffnete die Tür und sah mich erschrocken an. Ich muss entsetzlich ausgesehen haben – barfuß, im Schlafanzug und blutverschmiert. Wortlos zog sie mich ins Vorzimmer und schloss die Haustür hinter mir.

Sie hieß Celestine, war zwanzig Jahre alt und stammte aus Ghana. »Ich will nicht, dass mich meine Mutter findet. Du musst mich verstecken«, sagte ich zu ihr. »Setz dich erst mal hin und erzähl. Was ist los?«, erwiderte sie.

Celestine war groß und hatte ein sehr freundliches Gesicht. Sie arbeitete als Kellnerin in einem Linzer Lokal. Ich kannte sie zwar nur vom Sehen aus dem Stiegenhaus, trotzdem vertraute ich ihr. Sie brachte mir eine Tasse Tee, hörte mir aufmerksam zu und unterbrach mich nur, wenn sie etwas nicht verstand. »Okay, ich helfe dir«, sagte sie, nachdem ich geendet hatte.

Wir blieben den ganzen Tag in ihrer Wohnung. Celestine wollte verhindern, dass uns meine Mutter vom Küchenfenster aus sehen konnte, deshalb warteten wir, bis die Dunkelheit hereinbrach. Celestine lieh mir ein Paar Jeans, ein Sweatshirt und Schuhe, und als wir sicher waren, dass uns niemand sehen konnte, verließen wir das Haus. Celestine hatte zwei sehr gute Freunde, Romeo und Alfonso, die ebenfalls aus Ghana stammten und nur wenig älter als ich waren. Wir trafen uns in der Linzer Altstadt und zogen von einer Kneipe zur nächsten.

Ich genoss den Abend in vollen Zügen. Noch nie war ich so lange aus gewesen. Auf einmal saß ich in genau den Lokalen, von denen meine Schulfreundinnen immer erzählt hatten: Ich war zum ersten Mal im *Durchhaus*, einer Studentenkneipe im Zentrum der Altstadt, und im *Vanilli*, wo nach Mitternacht die Leute manchmal sogar auf den Tischen tanzten. Ich mochte die laute Musik, die verrauchte Luft, und ein paar Mal zog ich sogar an Celestines Zigarette. Zum ersten Mal in meinem Leben fühlte ich mich richtig frei.

Erst weit nach Mitternacht kehrten wir in Romeos

Wohnung zurück, wo Celestine mit Alfonso in Romeos Bett übernachtete, während ich mir mit Romeo das Sofa teilte. Obwohl absolut nichts passierte, war ich schrecklich aufgeregt – so dicht neben einem Mann hatte ich noch nie in meinem Leben geschlafen.

Doch schon am nächsten Tag wurde mir klar, dass ich hier nicht bleiben konnte. Die Wohnung war einfach zu klein und reichte gerade einmal für Romeo selbst. Also beschloss ich, in die Notschlafstelle zu gehen.

Am 12. Mai 1999 zog ich dort ein. Die Sozialarbeiter waren nett zu mir, und ich den Eindruck, als hätten sie schon fast damit gerechnet, mich irgendwann einmal hier aufnehmen zu müssen. Ich bekam ein Zimmer direkt unter dem Dach, das ich mir mit einem Mädchen namens Miriana teilte. Sie hatte dieselben Probleme mit ihren türkischen Eltern wie ich und lebte bereits seit ein paar Monaten dort. Die Sozialarbeiter riefen meine Eltern an, um ihnen mitzuteilen, dass ich ab sofort hier wohnen würde. »Stationäre Aufnahme aufgrund der Androhungen der Eltern, Sabatina nach Pakistan zu bringen, um sie dort zu verheiraten«, notierte mein Betreuer in meine Akte.

Ich richtete mich darauf ein, länger in der Notschlafstelle zu bleiben, ging von dort aus zur Schule und versuchte, mein Leben so normal wie möglich weiterzuführen. Immer wieder riefen meine Eltern in der Notschlafstelle an, um mich davon zu überzeugen, nach Hause zu kommen. Aber ich blieb hartnäckig – und ich hatte schreckliche Angst: vor meinen Eltern und ihren pakistanischen Bekannten und Freunden. Außerdem hatte ich inzwischen in Erfahrung gebracht, dass mein Großvater meinen Vater angerufen und ihm aufgetragen hatte, mich zur Räson zu bringen. Ansonsten wäre die Ehre der Familie verloren, und ich würde zu einer großen Schande für alle werden.

Meine Eltern ließen nicht locker. Immer wieder riefen sie an und drohten den Betreuern, dass ich sofort nach Hause kommen sollte, weil sie mich sonst verstoßen würden. Auch mein älterer Bruder rief an und beschimpfte mich so laut am Telefon, dass mir einer der Betreuer den Hörer aus der Hand nahm und einfach auflegte.

Nach einer Woche tauchten mein Vater und meine Mutter unangemeldet in der Notschlafstelle auf. Wieder führten wir ein Gespräch mit den Sozialarbeitern. Es würde alles gut werden, versprach mein Vater, und auch meine Mutter beteuerte, sie würde mich nie wieder schlagen. Sie sagte den Betreuern, dass sie meine Art zu leben akzeptieren würde, dass es keine Vorschriften mehr gebe und dass ich tun und lassen könne, was ich wolle.

Die Sozialarbeiter waren anfangs skeptisch, begannen jedoch langsam, Vertrauen zu meinen Eltern zu fassen. »Sie wirken doch sehr nett«, sagte einer von ihnen zu mir. Meine Eltern können, wenn sie wollen, sehr nett und liebevoll sein. Und die Sozialarbeiter ließen sich von ihrer Vorstellung überzeugen. Sie redeten mir ebenfalls zu, mit meinen Eltern nach Hause zu gehen, und meinten, dass mir bestimmt nichts passieren würde. Schließlich willigte ich ein und kehrte am 20. Mai 1999 wieder nach Hause zurück.

Und tatsächlich: Die Situation zu Hause änderte sich diesmal von Grund auf. Meine Eltern waren freundlich, und auf einmal war es auch kein Drama mehr, wenn ich erst zwei Stunden nach der Schule nach Hause kam. Sogar meine Mutter verhielt sich mir gegenüber ausgesprochen wohlwollend.

Knapp eine Woche später wusste ich, warum. Mein Vater kam früher als gewöhnlich von der Arbeit nach Hause. Er bat mich in die Küche und meinte, er habe eine Idee, wie wir dafür sorgen könnte, dass alles besser würde. »Wir gehen wieder zurück nach Pakistan«, verkündete er. »Und dort kannst du tun und machen, was du willst.«

»Was ich will?«, fragte ich.

»Ja«, antwortete er, »du kannst auf eine Theaterschule gehen. Oder Gesangsunterricht nehmen. Aber geh mit uns zurück nach Pakistan. Dort ist alles besser als hier.«

Ich dachte darüber nach. Irgendwie klang das Angebot verlockend. Ich wollte auf eine Schauspielschule gehen, egal, ob in Linz, Wien oder in Islamabad. Zur Sicherheit wandte ich mich an meine Betreuer bei der Notschlafstelle, doch auch sie hatten keine Einwände und meinten sogar, dass es mir vielleicht ganz gut tun würde, wieder einmal meine Heimat zu besuchen. Vielleicht, sagten sie, würden meine Eltern dort endgültig erkennen, dass ich nicht mehr dorthin passte, weil ich mich zu sehr verändert hatte, und dann wären alle Probleme gelöst.

Ihre Argumente überzeugten mich – und ich willigte ein.

Doch eine Bedingung war an diesen Plan geknüpft.

»Wenn wir zurückgehen, musst du dich mit deinem Cousin Salman verloben. Damit bleibt für deinen Großvater als Familienoberhaupt und für mich gegenüber Salmans Mutter die Familienehre gewahrt. Schließlich bist du Salman schon seit deiner Geburt versprochen«, sagte meine Mutter.

Ich zögerte einen Augenblick, ehe ich zu schreien anfing. »Ich will Salman nicht heiraten. Ich will überhaupt niemanden heiraten, zumindest nicht jetzt. Und warum dreht sich eigentlich immer alles nur um diese Familienehre?«

»Weil sie das Wichtigste ist. Viel wichtiger als du«, erwiderte meine Mutter.

Mir schossen die Tränen in die Augen. Ich stand vom Tisch auf und stürmte in mein Zimmer.

Mein Vater kam mir nach und setzte sich auf meine Bettkante. »Sabatina«, sagte er, »überleg es dir. Pakistan ist wirklich besser für dich. Du kannst dort Schauspielerin werden, und du brauchst Salman nicht zu heiraten. Ihr müsst euch nur verloben, dann ist alles wieder gut.«

Im Vergleich zu dem, was ich bisher mit meiner Familie erlebt hatte, erschien mir diese Bedingung nicht ganz so schrecklich. Hatten nicht auch die Sozialarbeiter in der Notschlafstelle gesagt, dass ich in Pakistan in Sicherheit wäre?

Heute weiß ich, dass wir alle – die Sozialarbeiter und ich – die Situation völlig falsch eingeschätzt hatten. Ich hätte niemals einwilligen dürfen, denn kein Mensch konnte von einem Linzer Schreibtisch aus sagen, wie sicher eine Jugendliche zehntausend Kilometer von Österreich entfernt ist. Aber meine Eltern hatten in der Notschlafstelle wohl ziemlich überzeugend gewirkt.

Ich dachte einen Augenblick darüber nach, ehe ich zustimmte. »Wenn ich mich wirklich nur verloben muss, dann komme ich mit.«

Mein Vater umarmte mich, und ich muss zugeben, dass ich mich selbst irgendwie freute. Sieben Jahre nachdem wir aus Dhedar weggezogen waren, würde ich wieder nach Hause kommen. Ich würde Pakistan wiedersehen. Ich würde meine Cousinen wiedersehen. Ich würde Schauspielerin werden.

An meine Verlobung mit Salman dachte ich nicht eine einzige Sekunde.

Kapitel IIII

Am ersten Ferientag im Sommer 1999 fuhren wir los. Mein Vater hatte sich fünf Wochen Urlaub genommen, und so lange wollten wir in Pakistan bleiben. Mindestens.

Ahmed, der Freund meines Vaters aus Sarleinsbach, der uns fast sieben Jahre zuvor vom Flughafen abgeholt hatte, kam vorbei, um uns mit seinem Auto hinzubringen. Als er endlich mit seinem Kombi vorfuhr, konnten wir es alle kaum noch erwarten. In den letzten Wochen hatte meine Mutter ständig nur noch von ihren Geschwistern gesprochen. Meine Brüder freuten sich darauf, wieder einmal mit ihren pakistanischen Cousins Fußball spielen zu können, und mein Vater wollte endlich seinem Vater zeigen, wie prächtig sich seine Familie entwickelt hatte (dass meine – in seinen Augen wenig erfreuliche – Entwicklung der eigentliche Grund für unsere Reise war, spielte für ihn in diesem Augenblick offenbar keine Rolle). Am meisten von uns allen freute sich aber meine Schwester. Als wir aus Pakistan weggezogen waren, war sie erst vier Jahre alt gewesen und hatte deshalb keine Ahnung, was sie in Lahore und Dhedar erwartete. Die meisten Verwandten, die wir in den nächsten Wochen besuchen wollten, kannte sie nur von Fotos.

Und auch ich freute mich auf die Reise. Ich war neugierig auf meine alte Heimat, auf unsere Verwandten und auf meine Freunde von damals. Jahrelang hatte ich nichts mehr von ihnen gehört und fragte mich, wie sie sich wohl entwickelt hatten. Was war zum Beispiel aus Deira geworden, der Tochter unserer Nachbarin und meine beste

Freundin von damals? Wie würde sie aussehen? Als ich noch in Pakistan lebte, hatten wir fast jeden Tag zusammengesteckt: Sie war so alt wie ich und hatte ebenso viel Unsinn im Kopf gehabt wie ich. Wie würde sie mich wohl empfangen? Würde ich sie überhaupt noch wiedererkennen?

Die Verlobung mit Salman, den eigentlichen Grund unserer Reise, hatte ich vollkommen aus meinem Bewusstsein verdrängt. Es würde schon nicht so schlimm werden, da war ich mir sicher. Als ich mich in Linz von meinen Freundinnen verabschiedete, war es, als würden wir einfach eine längere Urlaubsreise antreten. Ich versprach, ihnen Postkarten zu schicken und sie auf dem Laufenden zu halten. Wie lange wir bleiben würden, wie lange *ich* bleiben würde, konnte ich noch nicht sagen. Fünf Wochen hatte mein Vater Urlaub, so viel wusste ich. Und dann? Wenn es mir in Pakistan gefiel und ich tatsächlich eine Schauspielschule würde besuchen können, dann würde ich dort bleiben; wenn nicht, dann würde ich im Herbst wieder zurück nach Linz kommen und weiter auf das Oberstufengymnasium gehen.

Es war bereits weit nach Mitternacht, als wir in Lahore ankamen. Und schon in dem Augenblick, als wir aus der Maschine ins Freie traten, um in den Bus zu steigen, der uns zum Gate bringen sollte, wurde mir bewusst, wie viel ich von Pakistan vergessen hatte: Ich schnappte nach Luft, weil ich das pakistanische Klima nicht mehr gewohnt war. Obwohl es mitten in der Nacht war, hatte es mindestens fünfunddreißig Grad. Es war heiß und stickig, und über der ganzen Stadt hing wegen der enormen Luftfeuchtigkeit eine riesige Dunstwolke. Ich hatte zwar in Österreich nie eine Sauna besucht – so etwas hätten meine Eltern bestimmt nie erlaubt –, aber dort konnte es nicht viel anders sein als im nächtlichen Lahore um Mitternacht.

Als wir in die Ankunftshalle kamen, sah ich den Grund unserer Reise. Ich sah ihn, und ich erkannte ihn sofort wieder, obwohl wir uns seit sieben Jahren nicht mehr gesehen hatten. Er erwartete uns gemeinsam mit seinem Vater: Salman, mein Cousin und, nach dem Willen meiner Eltern, zukünftiger Ehemann.

Zuerst begrüßte er meine Eltern und meine Geschwister, ehe er auf mich zukam. Er war enorm gewachsen und obwohl er zwei Monate jünger war als ich, überragte er mich um mehr als einen ganzen Kopf. Außerdem hatte er dunkle Haare, dieselben dunklen Augen wie sein Vater und war gut – übrigens westlich – gekleidet. Es war ihm deutlich anzumerken, dass er nicht so recht wusste, wie er mich begrüßen sollte. Ihm war klar, weswegen wir hier waren und dass ich irgendwann einmal seine Frau werden sollte, aber auch er kannte mich in Wahrheit ja kaum. Sollte er mich nun genauso freundschaftlich umarmen wie meine Brüder? Er entschied sich für einen Händedruck. »Ich freue mich, dass du hier bist. Ich habe oft von dir geträumt«, sagte er so leise, dass nur ich ihn hören konnte.

Ich trat einen Schritt zurück. »*Salman bhai,* ich mich auch«, erwiderte ich laut.

Ich wollte nett zu ihm sein, ihm aber gleichzeitig klar

machen, wie wir in meinen Augen zueinander standen. Sämtliche gleichaltrigen männlichen Verwandten werden in Pakistan mit der Bezeichnung *bhai,* also Bruder, angesprochen. Ich hoffte, dass er verstand, was ich damit andeuten wollte.

Salman und sein Vater halfen uns mit dem Gepäck, ehe wir auf den großen Parkplatz vor dem Flughafen hinausgingen, wo es noch heißer und schwüler als auf dem Flughafengelände war, weil sich hier kein Lüftchen regte. Meine Schwester stöhnte laut. »Ist es hier immer so heiß?«, fragte sie auf Deutsch, worauf meine Brüder und ich anfingen zu lachen. Salman und sein Vater, die natürlich kein Wort verstanden, sahen uns nur verständnislos an.

Wir luden das Gepäck in einen großen Wagen, einen Suzuki Pick-up, den sich mein Onkel von seinem Nachbarn ausgeborgt hatte. Dann machten wir uns auf den Weg nach Gulshan Ali Colonny, dem Stadtteil von Lahore, in dem Salman und seine Familie wohnten. Auf der Fahrt stiegen sofort wieder die Erinnerungen an meine Kindheit in mir auf: Die Luft war von einem grässlichen Gestank nach Gas und Abfällen erfüllt, über den sich noch der intensive Geruch nach Curry legte. Obwohl es bereits sehr spät war, waren noch zahllose Menschen und Autos unterwegs. Und dieser Verkehr! Alle fuhren kreuz und quer, Autos, Busse, Fahrräder und unzählige Rikschas. Irgendwie hatte ich das Gefühl, dass es hier so etwas wie Verkehrsregeln nicht gab. Und falls doch, dann hielt sich jedenfalls keiner daran.

Trotzdem mochte ich diese Stadt, das Gefühl, wieder

hier zu sein. Vielleicht hatten meine Eltern ja doch Recht, wenn sie sagten, in Pakistan käme wieder alles in Ordnung.

Als wir beim Haus meines Onkels ankamen, sah ich, dass unsere Verwandten einen großen Empfang für uns vorbereitet hatten. Überall am Haus waren Lichter befestigt, vor der Einfahrt standen Blumen, und über dem Tor hing ein kleines Plakat, auf dem »Willkommen zu Hause« stand. Kaum hatte mein Onkel das Auto abgestellt, ging die Tür auf, und meine Tante, meine Cousinen und einige Nachbarn kamen heraus.

Sie waren mindestens so neugierig und aufgeregt wie wir.

Als wir aus dem Wagen ausstiegen, lief meine Tante auf uns zu, umarmte und küsste uns überschwänglich. Vor allem mich. Einen Augenblick lang fürchtete ich schon, sie würde mich überhaupt nicht mehr loslassen. »Ich freue mich, dass du da bist«, sagte sie. Ich murmelte, dass ich auch sehr glücklich sei, worauf sie mir tief in die Augen sah. »Jetzt wird alles gut«, flüsterte sie.

Ich konnte mir nicht erklären, was sie damit meinte, da meiner Meinung nach bereits alles gut war. Ich lebte einigermaßen glücklich in Österreich, meine Eltern waren mittlerweile freundlich zu mir. Ich war hier in Pakistan, um mich mit ihrem Sohn zu verloben; wenn ich wollte, würde ich hier mit einer Schauspielausbildung beginnen, wenn nicht, würde ich einfach nach Österreich zurückkehren und dort die Schule beenden. Was würde also erst noch *gut werden* müssen?

Als wir ins Haus gingen, wich meine Tante kaum von meiner Seite. Sie war besonders freundlich und zuvorkommend, brachte mir *chai* und Kekse und kümmerte sich geradezu rührend um mein Wohlergehen. Pausenlos stellte sie mir Fragen, wie es in Österreich so sei, ob es mir dort gefalle und ob ich gerne zur Schule ginge. Sogar über meine Freundinnen wollte sie alles wissen. Allmählich wurde ich misstrauisch: Konnte so viel Herzlichkeit echt sein?

Es war sonderbar. Die ganze Zeit über stand ich im Mittelpunkt, alles drehte sich nur um mich. In meiner Familie war ich früher doch sonst nie die Hauptperson gewesen, sondern im Vergleich zu meinen Brüdern, den Stammhaltern, kaum mehr nur eine Randnotiz.

Doch ich müsste lügen, wenn ich behaupten würde, dass ich mich nicht ein klein wenig darüber gefreut hätte. In Linz hatte ich ständig Probleme mit meinen Eltern und immer das Gefühl gehabt, es niemandem recht machen zu können. Wenn ich heute daran zurückdenke, dann habe ich zumindest meine ersten Stunden in Pakistan als durchaus angenehm in Erinnerung. Ich wurde umsorgt, und es war nett, dass die Leute mir zuhörten, wenn ich etwas zu erzählen hatte – alle bis auf Salman, der mich im Gegensatz zu den anderen konsequent ignorierte. Er drückte sich die ganze Zeit an der Wand herum und spielte den Desinteressierten. Trotzdem entging mir nicht, dass er mich nicht aus den Augen ließ. Hoffentlich macht er sich keine falschen Hoffnungen, dachte ich, ging zu ihm hinüber und versuchte mich mit ihm zu unterhalten. Ich fragte ihn, in welche Schule er gehe, welche Hobbys er habe und wie es ihm hier in Lahore gefalle, doch er gab mir nur ausweichende Antworten.

Schließlich zog ich ein Foto aus meiner Tasche, auf dem alle meine Klassenkollegen zu sehen waren, und fing an, ihm ausführlich zu schildern, wer die Leute waren und mit welchen ich befreundet war. Meine Ausführungen schienen ihn nicht besonders zu interessieren, trotzdem hoffte ich, dass er meinen Wink verstanden hatte. Er sollte merken, dass diese Menschen den Mittelpunkt meines Lebens darstellten und dass ich jederzeit, ohne mit der Wimper zu zucken, zu ihnen zurückkehren würde.

Knapp eine Woche blieben wir in Lahore bei Salmans Eltern. Die Verwandten und Bekannten, die zu unserer Begrüßung gekommen waren, reisten nach und nach wieder ab, so dass irgendwann nur noch Salmans und meine Familie da waren. Und es war genauso wie früher: Die Männer verließen früh das Haus, um irgendwelche Dinge zu erledigen, während wir Frauen im Haus blieben. Die ersten Tage machte mir das nichts aus, da es schließlich eine Menge zu erzählen gab, doch dann wurde mir mit jeder Stunde langweiliger.

Wahrscheinlich wusste ich tief in meinem Inneren damals schon, dass ich nicht mehr hierher gehörte. Meine Mutter konnte stundenlang im Wohnzimmer meiner Tante sitzen und mit ihr und den Nachbarinnen schwatzen. Ich hingegen wollte unbedingt nach draußen, wollte Lahore sehen oder zumindest das Viertel kennen lernen, in dem Salman lebte. Doch das ging nicht. »Frauen dürfen nicht allein auf die Straße«, sagte meine Mutter, als ich sie fragte, ob ich spazieren gehen dürfe. Und damit kehrte sie wieder in die Küche zurück, um meiner Tante zu helfen.

Daraufhin versuchte ich, mich aus dem Haus zu stehlen, doch vergeblich. Dabei hätte ich mich so gefreut, Lahore zu entdecken – die Stadt, die ich früher immer als so etwas wie das Tor zum Westen betrachtet hatte. Im Vergleich zu meinem Heimatdorf war Lahore mit seinen vielen Geschäften, den Lokalen und mehreren Basaren eine Großstadt. Jetzt, wo ich selbst in einer großen Stadt in Europa lebte, wollte ich unbedingt herausfinden, ob Lahore mir immer noch so mächtig und furchteinflößend vorkam. Und ich wollte noch etwas: Endlich wieder ein Stück von dieser pakistanischen Schokolade kosten, die mir als Kind so gut geschmeckt hatte.

Das einzige weibliche Familiemitglied, mit dem ich mich wirklich gut verstand, war meine zwölfjährige Cousine Hina, Salmans Schwester. Sie war ein ziemlich aufgewecktes Mädchen und nickte begeistert, als ich sie fragte, ob wir spazieren gehen wollten. Sie nahm mich bei der Hand und führte mich hinaus auf die lange, staubige Straße, in der jedes Haus wie das andere aussah: grau, schlicht und eintönig.

Hina trug wie alle pakistanischen Mädchen ein *shalwar kameez*. Ich hingegen hatte eine weite, lange Sommerhose an, dich ich auch in Linz schon häufig getragen und über die ich noch ein Kleid gezogen hatte. Ich hatte nur einen Hauch Make-up aufgelegt, so dass es eigentlich niemandem auffallen sollte, und trug meine Haare offen – und war damit für meine Begriffe ganz bestimmt nicht aufreizend zurechtgemacht. Doch die Leute in Pakistan sahen das offenbar anders.

Hina und ich waren noch keine zehn Minuten unterwegs, als sich hinter uns bereits eine Menschentraube bildete. Anfangs bemerkte ich sie gar nicht, doch als mir auffiel, dass Hina plötzlich ihre Schritte beschleunigte, drehte ich mich um und sah ein gutes Dutzend junger Pakistanis, die, kaum dass sie mich sahen, johlten, pfiffen und mir Komplimente machten.

Es war schrecklich. Wir gingen rasch weiter, während mir langam dämmerte, dass ich einen Fehler gemacht hatte. Ich hätte tatsächlich nicht aus dem Haus gehen sollen – oder zumindest nicht in diesem Aufzug. Ich war naiv gewesen und ärgerte mich über mich selbst, weil ich meinen Verwandten nicht geglaubt und meine Wirkung, die ich mit knapp siebzehn auf Männer hatte, offenbar einfach unterschätzt hatte. So schnell wie möglich machten wir uns auf den Nachhauseweg. Die älteren Männer, die am Straßenrand saßen, warfen mir wütende Blicke zu, als hätte ich etwas sehr Schlimmes angestellt. Plötzlich stand mein Cousin Salman mit hochrotem Gesicht vor uns. Ohne auch nur ein einziges Wort zu sagen, gab er Hina eine schallende Ohrfeige, worauf sich ihre Wange glühend rot färbte und sie in Tränen ausbrach. »Geh sofort nach Hause!«, brüllte er mich an. »Was fällt dir überhaupt ein? Mädchen dürfen nicht alleine hinausgehen! Das hättest du doch wissen müssen!«

»Was fällt *dir* eigentlich ein, mich so anzufahren«, fauchte ich ihn zornig an. »Du bist nicht mein Vater, *Salman bhai.*« Ich beugte mich zu Hina hinunter, um sie zu trösten, doch sie ließ sich nicht beruhigen.

Als wir nach Hause kamen, fing der Ärger erst richtig an. Meine Mutter saß mit meiner Schwester in einer Ecke des Wohnzimmers und ignorierte mich. Mein Vater hingegen explodierte förmlich. Auf einen Schlag war nichts mehr von dem liebevollen Mann zu sehen, der mir in Linz noch versprochen hatte, ich dürfte in Pakistan tun und lassen, was ich wollte. »Was fällt dir ein, hier alleine auf die Straße zu gehen?«, schrie er. »Hast du vergessen, wo in Pakistan der Platz für eine Frau ist?«

Im ersten Moment glaubte ich, ich hätte mich verhört. Hatte er nicht erst vor einem Monat in der Notschlafstelle noch hoch und heilig versprochen, mich nie wieder anzuschreien?

»Und überhaupt ... wie du hier herumläufst. So sieht keine Frau aus. Ab sofort ziehst du dein *shalwar kameez* an«, fügte er mit eisiger Stimme hinzu.

»Ich will aber nicht, Vater. Ich will meine Jeans tragen.«

Offenbar hatte ich damit einen wunden Punkt bei meinem Vater getroffen. Wie konnte ich es wagen, ihm zu widersprechen? »Schluss jetzt, Sabatina! Wir sind jetzt hier in Pakistan und nicht in Österreich. Hier musst du so leben wie alle Menschen hier. Und ab sofort ziehst du keine Jeans mehr an. Du weißt genau, dass unsere Religion das nicht gestattet, und ich werde mich nicht zum Gespött der Nachbarn machen, nur weil ich meine Tochter nicht erziehen kann.«

In Österreich war keine Rede davon gewesen, also hatte ich auch nur ein *shalwar kameez* eingepackt. Trotzdem wollte ich ihm nicht widersprechen,

Mein Vater benahm sich schon in Österreich wie ein Patriarch, und hier vor den Verwandten würde er sich ganz bestimmt nicht die Blöße geben, sich von mir umstimmen zu lassen. Und von ihm verprügelt zu werden – darauf wollte ich es nun wirklich nicht anlegen. Also ging ich ins Nebenzimmer und zog mich um.

Wenn ich heute darüber nachdenke, dann wird mir bewusst, wie banal all das klingt. Und ich gebe zu: Für Europäer müssen meine ersten Tage in Pakistan wie das Reisetagebuch eines pubertierenden Teenagers wirken. Ständig dreht sich alles um Äußerlichkeiten, um Jeans, T-Shirts und die pakistanische Kleidung, um kindische Auseinandersetzungen, Chadors, Schleier und Baseball-Mützen. Und es scheint so, als hätte ich damals nichts anderes im Kopf gehabt. Manchmal frage ich mich selbst, ob meine Probleme in Pakistan nicht einfach damit zusammenhingen, dass ich mitten in einer Trotzphase war. Aber das war nicht der Grund. Was wäre passiert, wenn sich diese Geschichte nicht vor vier Jahren, sondern vor vier Monaten abgespielt hätte? Ich hätte ganz genauso reagiert, ohne jeden Zweifel. Denn im Gegensatz zu meinen Eltern hatte ich mich einfach schon zu weit von einer traditionellen pakistanischen Lebensweise entfernt. Ich hatte mich in Europa verändert, war durch meine Umgebung in Linz anders geworden als sie, anders als meine Cousinen und die Kinder der Nachbarn unserer Verwandten. Wenn ich heute noch einmal nach Pakistan käme, würden mich wahrscheinlich ganz andere Dinge am Leben dort stören. Doch damals, mit knapp siebzehn, stand die Kleidung eben ständig im Mittelpunkt der Auseinandersetzungen. Es ging mir gar nicht in erster Linie darum, die Menschen dort zu beeindrucken und meinen früheren Freundinnen mit schicken Jeans und tollen T-Shirts zu imponieren. Ich wollte allen zeigen, dass ich anders war und, was noch wichtiger war, dass ich stolz darauf war, nicht so zu sein wie sie.

Hatten mir nicht auch die Sozialarbeiter in Linz zugeraten, mit meinen Eltern nach Pakistan zu fahren, um ihnen zu beweisen, dass ihre Versuche, aus mir ein pakistanisches Mädchen zu machen, scheitern würden, scheitern *mussten?*

Aber wie hätte ich das am besten beweisen sollen? Indem ich meinen pakistanischen Verwandten irgendwelche Schauergeschichten über ein ausschweifendes Leben mit Alkohol, Drogen und Orgien in Österreich erzählt hätte? Oder hätte ich mich bei meinem Großvater, dem Muezzin, über die Verwerflichkeit der Frauen diskriminierenden pakistanischen Realverfassung beschweren sollen? Selbst wenn ich es damals schon in dieser Tragweite empfunden hätte, wäre ich niemals in der Lage gewesen, es zu artikulieren. Oder hätte ich mich abheben sollen, indem ich mich weigerte, meiner Mutter in der Küche beim Abwasch zu helfen? Spätestens das wäre mir als pubertäre Geste ausgelegt worden, die man mir am besten mit einer ordentlichen Tracht Prügel austreiben sollte – zumindest in den Augen meiner Verwandten.

Also blieb mir nur die Kleidung als sichtbarer Ausdruck meines Andersseins, und deswegen legte ich damals so großen Wert auf ein westliches Äußeres – auch wenn es mir damals in diesem Ausmaß noch nicht bewusst war.

In jedem Fall jedoch war ich durch meine Jugend in Österreich anders geworden. Das wurde mir umso klarer, je länger wir in Pakistan waren. Vor allem, als wir uns von Salman und seiner Familie verabschiedet hatten, um endlich nach Dhedar, meinem Geburtsort, zu fahren.

Die Fahrt von Lahore nach Dhedar dauerte mehr als zwei Stunden. Ich saß mit meiner Schwester Aisha auf dem Rücksitz. Als wir die ersten Häuser von Dhedar sahen, schlug mein Herz bis zum Hals. Alles sah noch genauso aus wie früher: die Straßen, die Häuser, und sogar die Bäume wirkten so, als wären wir erst gestern weggefahren. Wie schön, wieder zu Hause zu sein! Trotz allem, was bisher passiert war.

Als wir in unsere alte Straße bogen und der Wagen immer langsamer wurde, spürte ich, wie meine Schwester meine Hand umklammerte.

»Ich habe Angst«, jammerte sie.

»Warum?«

»Dreh dich doch mal um«.

Offenbar kamen so selten Autos hierher, dass es für

die Kinder im Dorf ein Großereignis war und sie ihm begeistert nachliefen – damals wie heute hatte Dhedar höchstens zweitausend Einwohner. Der Ort liegt auf einer riesigen Ebene, doch am Horizont sind bereits die Berge von Kaschmir zu sehen, der seit Jahrzehnten heftig umkämpften Grenzregion zwischen Indien und Pakistan. Die Region ist wirtschaftlich alles andere als gut entwickelt. Im Umkreis von hundert Kilometern gibt es keinerlei Industrie, so dass die Menschen in Dhedar und in den Nachbardörfern von der Landwirtschaft leben. Bücher und Zeitungen gibt es nur sehr selten, und einen Fernseher können sich nur die wenigsten Einwohner leisten. Wenn ich in Lahore schon erschüttert war von der Rückständigkeit der Menschen in Pakistan, dann war ich es in Dhedar erst recht.

Als wir an den ersten Häusern vorbeifuhren, fiel mir auf, wie angespannt mein Vater war. Heute ist mir klar, unter welchem Druck er damals stand: Er hatte Dhedar immer geliebt, möglicherweise weil er den Ort schon mit achtzehn Jahren verlassen hatte, um nach Europa zu gehen.

Für meinen Vater war Dhedar etwas ganz Besonderes, ein Ort, an dem ihm vor allen Dingen eines entgegengebracht wurde: Respekt, was, wie gesagt, größtenteils auf die Stellung meines Großvaters zurückzuführen war. Während mein Vater im Ausland stets ein Fremder blieb, der nicht in den besten Wohngegenden lebte und die Sprache nicht perfekt beherrschte, genoss er hier ein hohes Ansehen. Wann immer er nach Hause kam, wollten die Nachbarn unbedingt seine Geschichten aus der

Fremde hören, und wenn er etwas sagte, dann hatte das Gewicht. Vielleicht erklärt das, warum Respekt und vor allem der Ruf der Familie immer so wichtig für meinen Vater waren.

Dabei hatte er eine alles andere als einfache Kindheit gehabt. Kurz nach seiner Geburt hatte sich mein Großvater von der Mutter meines Vaters scheiden lassen, da sie ihm anscheinend nicht schön, sprich nicht weiß genug gewesen war.

Kurz nachdem meine leibliche Großmutter in einen Ort gezogen war, der mehr als zwei Stunden entfernt lag, heiratete mein Großvater erneut, und mein Vater bekam sechs Halbschwestern und -brüder: Nazia, Shazia, Safia, Rafia, Imran und Iqbal. Doch es gelang ihm nie, eine wirklich enge Bindung zu ihnen aufzubauen. Und auch zu seiner leiblichen Mutter hat mein Vater bis heute kaum Kontakt.

Für ihn zählte allein mein Großvater, der Muezzin. Er war wichtig, ihm musste bewiesen werden, wie gut sein Sohn seine Familie im Griff hatte.

Wir blieben eine Woche in Dhedar, und ich fühlte mich vom ersten Augenblick an dort unwohl. In Lahore war es schon schlimm gewesen, ständig im Haus herumsitzen zu müssen, doch in Dhedar war es schlichtweg unerträglich. Schließlich war Dhedar doch nur ein Dorf, wo ich die meisten Menschen, denen ich auf der Straße begegnen würde, noch aus meiner Kindheit kannte. Wer von ihnen sollte mir schon nachpfeifen, so wie es in Lahore passiert war? Als kleines Mädchen war ich stundenlang mit meinen Freundinnen durch den Ort gelaufen; ich kannte jede

Hausecke, jeden Baum und jeden Brunnen. Warum war das jetzt verboten? Nur weil ich zehn Jahre älter war und meine Periode hatte?

Mindestens ebenso unbegreiflich war mir, wie meine Cousinen auf diese Einschränkungen reagierten. Ich hatte den Eindruck, als hätten sie sich mit ihrem Schicksal abgefunden und sich zu stillen, fügsamen Frauen entwickelt. Sie trugen ihr *shalwar kameez,* sprachen nur, wenn man sie dazu aufforderte, und kümmerten sich ansonsten lediglich um den Haushalt. Einige Male versuchte ich, mich mit ihnen zu unterhalten, doch vergeblich. Wenn ich ihnen von der Schule erzählte, schüttelten sie nur ungläubig den Kopf – wie konnte es sein, dass Mädchen und Jungs in eine Klasse gingen? Sie hatten keine Ahnung von den Filmen, die ich gesehen, und von den Büchern, die ich gelesen hatte. Sie hatten keine Ahnung vom Leben im Westen und gaben vor, auch nichts darüber erfahren zu wollen.

Umgekehrt war es ähnlich. Sie erzählten mir von Kochrezepten und unterhielten sich über den neuesten Dorfklatsch, was mich wiederum nicht im Mindesten interessierte.

Der schlimmste Tag während meines Aufenthalts war der, als meine Freundin Deira zu Besuch kam, mit der ich in meiner Kindheit ununterbrochen zusammengesteckt hatte. Obwohl ich mich zunächst riesig darüber gefreut hatte, wusste ich schon in dem Augenblick, als Deira das Haus betrat, dass nichts mehr so war wie früher. Sie trug ein langes weißes *shalwar kameez* und hatte die Haare unter einem Schleier versteckt. Doch damit nicht genug:

Aus meiner Deira, die früher immer die Frechere und Lebhaftere von uns beiden gewesen war, war eine stille, zurückhaltende Frau geworden. Sie saß auf dem Wohnzimmersofa, sorgsam darauf bedacht, keine unpassende Bewegung zu machen und so unauffällig zu erscheinen, als existierte sie überhaupt nicht. Wir unterhielten uns über mein Leben in Österreich, doch mit jedem Satz wurde mir klarer, wie sehr ich sie mit meinen Schilderungen verstörte. Es war ihr unbegreiflich, dass Frauen in einem Café sitzen konnten und sich dort mit Jungs unterhielten, so wie ich das in Linz gemacht hatte. Und als ich ihr erzählte, dass ich im Sommer manchmal ins Schwimmbad ging, sah sie mich so entgeistert an, als hätte ich ihr gerade anvertraut, dass ich jeden Tag mit einem anderen Jungen ins Bett ging.

Ihre einzige Abwechslung während der letzten sieben Jahre stellten zwei Besuche in Lahore dar, wo sie mit ihrer Familie hingefahren war, um einzukaufen. Ihr Leben spielte sich auf fünfzig Quadratmetern Haushalt und hundert Quadratmetern Innenhof ab, was sie jedoch keineswegs zu stören schien. Sie erzählte, sie würde im nächsten Jahr verheiratet werden – natürlich mit einem Mann, den sie noch nie zuvor gesehen hatte – und freue sich schon darauf: auf die Hochzeit, auf ihren Mann und auf die Kinder, die sie von ihm bekommen würde.

Als sie nach zwei Stunden von ihrem Bruder abgeholt wurde – allein durfte sie natürlich nicht auf die Straße –, war ich zutiefst erschüttert. Mir war klar, dass sich Deira genau so entwickelt hatte, wie sie sich in dieser Umgebung hatte entwickeln müssen. Sie war zu einer braven pakistanischen Frau geworden, die sich kaum Gedanken um ihre Zukunft zu machen brauchte, weil ihre Zukunft von ihren Eltern bereits für sie festgelegt worden war. Sie tat mir Leid, weil ich sicher war, dass ihr Leben vorbei war, noch bevor es überhaupt richtig begonnen hatte. Und gleichzeitig schockierte mich das Wiedersehen mit Deira – denn nie zuvor war mir in Pakistan so klar vor Augen geführt worden, wie mich meine Eltern gerne hätten. Aber so war ich nicht, ganz und gar nicht. Ich hatte mein Leben noch vor mir, da war ich mir sicher. Bis heute habe ich Deira weder gesehen noch von ihr gehört.

Die Tage in Dhedar verliefen immer nach demselben Muster: Wir standen auf und nahmen unser Frühstück aus Fladenbrot und Kaffee ein, ehe die Männer das Haus verließen. Die Frauen hingegen kochten, putzten und plauderten. Es war entsetzlich. Ich durfte das Haus nicht verlassen, konnte aber unglücklicherweise weder mit meinen Tanten noch mit meinen Cousinen viel anfangen.

Ein ständiges Thema während meines Aufenthalts war meine bevorstehende Verlobung mit Salman, von der die meisten meiner Verwandten natürlich wussten. Auch meine Cousinen, die sich regelmäßig bei mir nach ihm erkundigten. Wie es denn so sei mit ihm, wollten sie wissen, und ob ich mich schon auf die Hochzeit freute.

Für sie war ich eindeutig ein Glückspilz. Sie alle kannten Salman und fanden ihn klug und gut aussehend. »Du hast es wirklich gut erwischt«, meinte meine Cousine Nasija.

Als ich in Gelächter ausbrach, schaute sie mich verwundert an. Sie selbst war einem entfernten Verwandten versprochen worden, den sie noch nie zuvor gesehen hatte. Doch das machte ihr nichts aus, sondern sie freute sich auf ihre Hochzeit, weil sie dann aus Dhedar in ein anderes Dorf ziehen und dort ein neues Leben beginnen würde. Dass ich meiner Verlobung mit Salman keinerlei Bedeutung beimaß und sogar noch darüber lachte, war für sie äußerst irritierend. Sie konnte nicht nachvollziehen, dass ich ihn nicht heiraten wollte, weil man in Österreich eben niemanden heiratete, den man nicht liebte, nur weil es die Eltern von einem verlangten. Das Gespräch fand ein rasches Ende, da mir klar war, dass ich Nasija nicht würde überzeugen können.

Doch schon am nächsten Tag riefen mich mein Vater und mein Großvater zu sich. Sie waren außer sich vor Wut. Zuerst verstand ich nicht, weshalb, doch als sie mir von meiner Unterredung mit Nasija erzählten, begriff ich. Ich hatte sie verletzt und gekränkt. »Wer glaubst du eigentlich, dass du bist?«, schrie mein Vater. »Wie kannst du nur deine Familie mit solchen Geschichten entehren!«

Ich begann zu weinen. »Ich will dich nicht entehren, aber ich will Salman nicht heiraten.«

»Du wirst ihn heiraten. Du wirst Vater und Mutter nicht entehren«, befahl mein Großvater zornig.

Meinten sie es also doch ernst? Hatten sie mich in Linz also belogen, als sie behauptet hatten, ich könnte machen, was ich wollte? Allmählich begriff ich, dass ich ernstlich in der Klemme saß. Ich war in Pakistan, an einem Ort, wo mir ganz bestimmt nie jemand helfen würde. Hier gab es keine Notschlafstelle, keine Sozialarbeiter, zu denen ich flüchten könnte. Was sollte ich tun, wenn sie mich zu einer Heirat zwingen würden? Ich hätte mich ohrfeigen können. Wie hatte ich nur so leichtsinnig sein können, mit ihnen in ihre Heimat zu fahren und mich dieser Gesellschaft auszuliefern?

Trotzdem hatte ich noch immer die winzige Hoffnung, dass wir bald zurückreisen würden. Schließlich waren wir schon mehr als drei Wochen hier, was bedeutete, dass mein Vater bald wieder anfangen musste zu arbeiten. Und damit hätte diese Tortur ein Ende. Ganz bestimmt.

An die darauf folgenden Tage kann ich mich kaum noch erinnern. Ich weiß nur noch, dass wir Dhedar verließen und eine Rundreise durch Pakistan antraten. Wir fuhren nach Saida Braham, Gujrat und Barnali, wo weitere Verwandte von uns lebten. Und überall erwartete mich dasselbe Schauspiel: Anfangs freuten sich unsere Verwandten, mich zu sehen, ehe sie anfingen, hinter meinem Rücken über mich zu tuscheln. Wenn sie mich auf Salman ansprachen, sagte ich lieber nichts, um meinen Vater nicht unnötig zu provozieren. Für mich jedoch stand unumstößlich fest, dass ich ihn nicht heiraten wollte. Und irgendwann mussten doch auch meine Eltern begreifen, dass es sinnlos war, und endlich die Heimreise nach Österreich antreten.

Ich war sehr erleichtert, als ich erfuhr, dass unsere Rundreise durch den Nordosten Pakistans endlich vorüber war und wir nach Lahore zurückkehren würden. Das konnte nur bedeuten, dass wir in ein paar Tagen wieder zurück nach Österreich fliegen würden. Ich hatte meinen Eltern bereits gesagt, dass ich nicht hier bleiben wollte, weil es mit der Schauspielschule offenbar nicht klappte. Aber da sie mir nicht darauf geantwortet hatten, ging ich davon aus, dass sie meinen Entschluss akzeptierten.

Als wir im Haus meines Onkels und meiner Tante ankamen, wunderte ich mich zunächst, dass sich wieder zahlreiche Verwandte dort eingefunden hatten. Mein Großvater war aus Dhedar angereist, ebenso wie meine Onkel, Tanten und Cousinen, die wir während der letzten Tage und Wochen besucht hatten.

Spätestens in diesem Augenblick hätte mir klar sein müssen, was das zu bedeuten hatte, trotzdem verdrängte ich das Ganze und tat nach wie vor so, als ob nichts wäre.

Den ganzen Nachmittag saß ich im Hof mit meinen Cousinen aus Dhedar zusammen und erzählte ihnen, wie sehr ich mich wieder auf Österreich freute. Gegen Abend kam mein Onkel, Salmans Vater, und forderte mich auf, ihn ins Wohnzimmer zu begleiten.

Und da saßen sie alle – im Halbkreis um meinen Großvater versammelt: mein Vater, meine Mutter, Salmans Mutter, außerdem noch zwei Tanten und Onkel und Salman, dessen Miene eine seltsame Mischung aus Anspannung und der gewohnten Gleichgültigkeit verriet.

Das Zimmer war geschmückt mit Blumen, und an den Wänden hingen überall Bilder und Fotos von Familienangehörigen. Der Raum war erfüllt von einem intensiven Geruch nach Blumen und Curry. Und in diesem Augenblick konnte ich mich all dem nicht mehr entziehen, das Verdrängen nützte nichts. Die Verwandten waren so zahlreich erschienen, weil hier und jetzt über meine Zukunft entschieden werden würde – und zwar in einer Weise, wie ich sie mir nicht einmal in meinen schlimmsten Träumen vorgestellt hatte.

Lange Zeit herrschte bedeutungsschwere Stille im Raum. Alle starrten Salman und mich an. Endlich meldete sich meine Tante zu Wort.

»Wir haben gerade entschieden, dass du meine Schwiegertochter wirst.«

O ja, meine Tante meinte es ernst, und ich sah ihr an, dass sie sich freute. Mehr noch: sie war überglücklich. Ihre Augen strahlten, wie ich sie noch nie hatte strahlen sehen, zumindest nicht, seit ich in Lahore war.

Ich sah in die Runde. Alle versuchten, so feierlich wie möglich auszusehen. Was sollte ich tun? Sie meinten es ernst, daran bestand kein Zweifel. Aber ich konnte nicht flüchten, es gab niemanden, der mir helfen würde. Ich schluckte und beschloss, das Ganze ins Lächerliche zu ziehen.

»Hey, *Salman bhai,* hast du das gehört, du wirst von meinem Bruder zu meinem Mann! Ist das nicht prima!?«, rief ich und sah meinen Cousin an.

»Hör sofort auf mit diesem Unsinn! Das Ganze ist kein Scherz«, fuhr mich meine Mutter an, die inzwischen aufgestanden war. So wütend hatte ich sie noch nie gesehen. Eine tiefe Zornesfalte erschien über ihrer Nasenwurzel, und an ihrer Schläfe pochte eine bläuliche Vene. »Du wirst Salman heiraten und Schluss!«, schrie sie so laut, dass ihre Stimme kippte.

Es hatte keinen Sinn. Sie würden sich nicht umstimmen lassen. »Nein! Niemals!« Jetzt kippte auch meine Stimme. Ich stand vor diesem improvisierten Familienrat und war ebenfalls so zornig wie noch nie in meinem Leben. Ich würde nicht zulassen, dass so über meine Zukunft entschieden wurde!

In diesem Augenblick brach ohrenbetäubender Lärm im Zimmer aus; meine Mutter schrie, sämtliche Tanten redeten wild durcheinander, und mein Vater murmelte die ganze Zeit nur: »Schande, Schande, das darf alles nicht wahr sein.«

Bisher hatte mein Großvater noch kein Wort gesagt und dieses Szenario scheinbar teilnahmslos beobachtet. Jetzt stand er vom Sofa auf, und auf einen Schlag herrschte Totenstille im Raum.

»Habt ihr diesem Mädchen keine Manieren beigebracht?«

Mit diesen Worten ging er an mir vorbei, ohne mich eines weiteren Blickes zu würdigen. Ich spürte, wie seine Hose mein Bein streifte, als er den Raum verließ. So viel Kälte hatte ich noch nie an einem Menschen gesehen. Die anderen Männer folgten ihm, während ich mit den Frauen zurückblieb.

Augenblicklich wurde es wieder laut im Raum. Alle redeten durcheinander, und Wortfetzen wie »Schande«, und »undankbares Kind« drangen an meine Ohren. Meine Mutter begann vor Zorn zu weinen, während sie langsam auf mich zukam. Ich wusste, was das bedeutete. Der Schweiß drang mir aus sämtlichen Poren, und ich spürte, wie sich eine tiefe Röte auf meinem Gesicht ausbreitete. Ich hatte furchtbare Angst. Als meine Mutter vor mir stand, sah ich die roten Flecke auf ihren Wangen. Ihre Lider flackerten, und ich sah, dass sie heftig atmete.

In diesem Augenblick holte sie aus und schlug mir unvermittelt ins Gesicht. Meine Wangen brannten, und Tränen schossen mir in die Augen. Ich riss meine Arme schützend vors Gesicht, aber meine Mutter war nicht zu bändigen. Immer wieder drosch sie auf mich ein – mit der Hand, mit der Faust, sie riss mich an den Haaren und versetzte mir schmerzhafte Tritte mit ihren spitzen Schuhen.

Ich heulte, ich schrie, ich brüllte um Hilfe, während mir zugleich klar war, dass mir niemand helfen würde. Ich versuchte nicht einmal wegzulaufen, da es ohnedies sinnlos gewesen wäre. Wohin hätte ich denn schon gehen sollen? Wie gelähmt stand ich in der Mitte des Raums und versuchte, mein Gesicht zu schützen.

»Mama, hör auf! Du tust meiner Schwester weh.« Meine Schwester Aisha hatte mich weinen gehört, war aus dem Nebenzimmer ins Wohnzimmer gestürzt und versuchte vergeblich, meine Mutter von mir wegzuziehen. Sie war die Einzige, die Mitleid mit mir hatte.

Endlich schaltete sich Salman ein und zog meine Mutter weg. Aisha fest an mich gedrückt, lief ich aus dem Zimmer.

»Du Schlampe solltest froh sein, dass du überhaupt einen Mann bekommst!« Das waren die letzten Worte, die ich von meiner Mutter hörte, bevor ich die Tür hinter mir zuschlug.

Ich war fassungslos. Was für eine Erniedrigung! Meine eigene Mutter hatte mich zusammengeschlagen, und meine Verwandten hatten zugesehen, ohne auch nur irgendeinen Versuch zu unternehmen, mir zu helfen. Wie grausam konnte die eigene Familie sein? Ich weinte hemmungslos, während meine kleine Schwester zutiefst erschüttert neben mir saß. Sie war erst zehn Jahre alt, aber möglicherweise ahnte sie schon damals, dass ihr dasselbe Schicksal bevorstand. Auch sie war bereits einem Cousin versprochen worden – Hassan, dem Sohn einer meiner Tanten mütterlicherseits.

Meine Brüder hingegen ließ dieser Vorfall völlig kalt. Sie hatten kein Mitleid mit mir, und als sie in den Hof kamen, sahen sie in mir nicht ihre Schwester, sondern nur eine junge Pakistani, die nicht tat, was man von ihr verlangte.

»Warum heiratest du nicht ganz einfach?«, fragte Hassan, der ältere der beiden.

»Wegen dir gibt es die ganze Zeit Ärger«, meinte Adnan.

Doch ich erwiderte nichts, da es ohnehin sinnlos gewesen wäre, mit ihnen zu diskutieren. Vielleicht würden sie mich irgendwann einmal verstehen, aber jetzt war ich für sie nichts als eine Querulantin, die einen netten, sonnigen Tag im Kreis der Familie ruiniert hatte.

Von meinem Vater war an diesem Abend keine Spur

zu sehen. Er hatte gemeinsam mit meinem Großvater das Haus verlassen und war in der Stadt verschwunden, so dass er die Szene nicht mitbekam, die meine Mutter machte. Nachdem sie zuerst mich vor allen erniedrigt hatte, erniedrigte sie sich nun selbst. Wieder und wieder hörte ich sie aus dem Wohnzimmer schreien und klagen. »Warum tut sie mir das an? Ich habe eine Hure geboren!«, rief sie immer wieder, ehe sie sich selbst mit einer Rute zu schlagen begann. Ich hatte schon gehört, dass es Pakistanis gab, die sich selbst geißelten, wenn sie litten, aber erlebt hatte ich das noch nie.

Und jetzt wurde ich Zeuge, wie ausgerechnet meine Mutter so etwas tat. Stundenlang hörte ich sie schreien und wehklagen, als es auf einmal totenstill im Haus wurde.

Plötzlich stand meine Tante neben mir. »Deine Mutter ist zusammengebrochen. Was hast du ihr angetan?«

Ich ging ins Wohnzimmer, wo die anderen Frauen meine Mutter auf das Sofa gelegt hatten. Sie rührte sich kaum. Meine Mutter hatte schon immer Probleme mit ihrem Blutdruck gehabt, und nun war die Belastung offenbar zu groß geworden. Wir riefen einen Arzt.

»Sie müssen etwas trinken und die Tabletten einnehmen«, sagte er.

Doch meine Mutter wollte nicht.

»Lassen Sie mich sterben! Ich habe eine Hure geboren«, röchelte sie.

Daraufhin lieferte der Arzt meine Mutter in eine Klinik ein.

»Was bist du nur für eine Tochter! Nur du bist schuld daran, dass es ihr so schlecht geht!«, warf mir meine Tante vor.

Ich war am Ende meiner Kräfte. Nicht dass ich mich schuldig fühlte, denn schließlich hatte ich schon immer gesagt, dass ich Salman nicht heiraten wollte. Aber so viel Feindschaft, so viel Hass von allen Seiten. Hier stand niemand zu mir, und meine Freunde in Österreich waren sechzehn Flugstunden entfernt. Ich hatte keine Ahnung, wie es nun weitergehen sollte.

Ich ging in die Küche, um in Ruhe nachdenken zu können. Ich war in Pakistan, und niemand wollte mir helfen. Aber ich würde meinen Cousin nicht heiraten. Das war unmöglich. Denn in diesem Fall würden mich meine Eltern hier lassen, so dass ich den Rest meines Lebens hier in Lahore verbringen müsste, in der Küche eines Hauses in einer Nebenstraße, die ich nie betreten würde. Ich konnte nicht zulassen, dass mein Leben so verlaufen würde, denn ich hatte doch ganz andere Pläne: die Schule beenden, danach vielleicht studieren und allen anderen beweisen, was in mir steckte. Ich wollte nicht in der Masse untergehen, so wie meine Cousinen und ihre Mütter, die ein Leben führten, das darauf ausgerichtet war, nur ja nicht aufzufallen.

Aber wie sollte ich das anstellen? Mit meinen Eltern konnte ich nicht darüber reden, denn sie sahen nur, dass ich nicht so war, wie sie mich haben wollten. Alles, was sie mir noch in Linz vor den Sozialarbeitern in der Notschlafstelle versprochen hatten, war plötzlich nichtig. Sie waren wütend, aggressiv und ganz offensichtlich zu allem bereit.

Und in gewisser Weise konnte ich sie sogar noch verstehen. Sie waren in einer anderen Welt mit vollkommen anderen Werten aufgewachsen und konnten viele Dinge, die mich bewegten und beschäftigten, einfach nicht nachvollziehen. Nach ihren Vorstellungen hatte ich ihnen Schande gebracht, eine Schande, die möglicherweise für immer an ihnen haften bleiben würde. Meine Mutter hatte vor ihrer Schwester das Gesicht verloren, und mein Vater, dem Ehre, Moral und Respekt noch wichtiger waren, stand vor seinem Vater da wie ein Versager. Ausgerechnet mein Vater! Der Mann, der selbst stets um seine Anerkennung hatte kämpfen müssen und gehofft hatte, sie durch seinen Erfolg in Europa nicht nur von den Nachbarn, sondern vor allem von seinem Vater zu bekommen. Und ausgerechnet ihn hatte ich zum Gespött gemacht.

War ich vielleicht doch an allem schuld? Hätte ich mich einfach fügen sollen? Irgendwann in diesen Minuten in der Küche wurde mir klar, dass es keinen Ausweg aus meiner Lage gab. Mein Leben war verpfuscht, was auch immer passieren würde. Wenn ich Salman heiratete, dann würde ich mein Leben in einem pakistanischen Hinterhof verbringen, tat ich es nicht, würde ich meine Eltern so vor den Kopf stoßen, dass damit unser Verhältnis für immer zerstört wäre.

In diesem Augenblick fiel mein Blick auf das schwere, spitze Messer am Spülbecken, mit dem meine Tante die großen Fleischstücke zerteilte.

Vor der Küche hörte ich meine Verwandten schreien und schimpfen. Meine Mutter war mittlerweile im Spital. Wegen mir. Von meinem Vater gab es keine Spur, doch das spielte in diesem Augenblick keine Rolle, da auch er mir nicht helfen würde. Ich griff nach dem Messer.

In diesem Moment kam Salman zur Tür hereingestürmt. Als er mich sah, stürzte er sich auf mich und riss mich zu Boden, wobei er mir das Messer aus der Hand schlug.

Er brauchte kein Wort zu sagen, sein entsetzter Blick reichte vollkommen aus. Tränen der Wut und der Verzweiflung stiegen mir in die Augen. »Salman, versteh doch bitte, dass ich dich nicht liebe. Es tut mir Leid. Aber ich werde nie einen Mann heiraten, den ich nicht liebe.«

Für eine pakistanische Frau ist es natürlich vollkommen unmöglich, seinen Bräutigam einfach abzulehnen – im Gegensatz zu den Männern, denn selbst wenn die Eltern bereits eine Frau für einen Mann ausgesucht haben, kann er die Heirat ablehnen. Das war sogar einmal einer Cousine von mir passiert: Nach der ersten Begegnung war der Mann, dem sie versprochen gewesen war, nicht mehr bereit gewesen, diese Ehe einzugehen. Konnte Salman nicht einfach dasselbe tun?

»Es tut mir wirklich Leid, Salman, aber ich kann mir nicht vorstellen, dass ich dir jemals eine gute Frau sein werde. Ich werde dich nach dem, was gerade eben passiert ist, niemals lieben können. Willst du das? Warum sagst du deinem Vater und meiner Mutter nicht, dass du mich nicht heiraten willst?«

Er starrte mich ausdruckslos an.

»Weil ich dich liebe. Ich liebe dich, und du wirst das auch lernen.«

Damit nahm er das Messer und verließ die Küche.

Heute bin ich mir sicher, dass ich mir damals höchstwahrscheinlich nichts angetan hätte. Ich wäre dazu nicht fähig gewesen, und nicht nur, weil der islamische Glaube Selbstmord verbietet. Ich hätte es nicht getan, weil ich mit meinem Leben noch nicht abgeschlossen hatte und insgeheim immer noch hoffte, dass sich irgendeine Lösung für mein Problem finden lassen musste. Aber ich erinnere mich noch gut an das Gefühl der Hilflosigkeit, das ich damals hatte. Noch heute flammen diese Erinnerungen regelmäßig in meinem Gedächtnis auf – beispielsweise, wenn ich in der U-Bahn eine türkische Mutter sehe, die mit ihrem Kind schimpft. Oder wenn ich einen Film über ein islamisches Land sehe, in einer Zeitung einen Bericht lese oder wenn mir in einem indischen Restaurant der intensive Geruch von Curry in die Nase steigt. Und ich habe keine Ahnung, ob ich diese Erinnerungen jemals ganz aus meinem Gedächtnis löschen kann.

Noch am selben Abend wurde meine Mutter wieder aus dem Krankenhaus entlassen. Ich war unendlich erleichtert, dass es ihr besser ging und sie nicht die Nacht über dort bleiben musste. Meine Tante und meine Cousinen führten sie ins Wohnzimmer und legten sie dort aufs Sofa. Sie schlief bald ein, doch selbst als ich sie schnarchen hörte, wollten sie mich nicht zu ihr lassen.

»Lass es, Sabatina. Du würdest sie nur noch mehr aufregen«, sagte meine Tante.

Am nächsten Morgen konnte meine Mutter bereits wieder aufstehen. Obwohl sie die Ereignisse des Vortags mit keiner Silbe erwähnte, war ihr deutlich anzusehen, dass sie mir die Schuld an allem gab.

Als mein Bruder Hassan zu allem Überfluss auch noch krank wurde und unbedingt nach Hause zurück wollte, beschloss mein Vater, die Abreise vorzuverlegen. Er besorgte die Flugtickets, und wir begannen uns von den Nachbarn zu verabschieden.

Ich war unendlich erleichtert. Endlich flogen wir zurück nach Österreich. Meine Probleme würden dadurch zwar nicht weniger, aber zumindest lägen dann wieder zehntausend Kilometer zwischen mir und meinen Verwandten. Ich atmete auf. Vielleicht würde doch noch alles gut werden.

In den Tagen vor unserer Abreise versuchte ich, besonders freundlich zu meiner Tante und zu Salman zu sein. Ich hoffte, dass ich ihn doch noch davon überzeugen konnte, die Heirat abzulehnen. Dann wäre alles gut. Doch wann immer ich darauf zu sprechen kam, vertröstete er mich und sagte, er werde irgendwann einmal in Ruhe darüber nachdenken.

Damit gab ich mich vorläufig zufrieden. Vielleicht verliebte er sich ja in eine andere, wenn ich wieder in Österreich war.

Am Morgen unserer Abreise stand ich früh auf,

packte meine Sachen zusammen und half meiner Tante beim Frühstück. Auch sie war nett zu mir – vielleicht tat es ihr ja ein klein wenig Leid, dass alles so gekommen war.

Kurz nach zehn fuhr mein Onkel mit dem Auto eines Nachbarn vor und begann gemeinsam mit Salman und meinem Vater unser Gepäck aufzuladen. Der Reihe nach verschwanden die Taschen auf der Ladefläche – alle bis auf meine.

»Alle einsteigen!«, rief mein Onkel. Ich mochte ihn sehr gerne, denn von allen Familienmitgliedern war er am nettesten zu mir gewesen.

»Ihr habt meine Tasche vergessen.« Ich war bester Laune. Schon morgen wäre ich wieder in Linz.

»Haben wir nicht.« Die Stimme meines Vaters klang kalt.

»Aber wieso denn?«

»Wir haben sie nicht vergessen. Du fliegst nicht mit.«

Mir wurde übel. Meine Knie begannen so sehr zu zittern, dass ich mich auf den Boden setzen musste.

»Aber warum? Warum fliege ich nicht mit?«

Mein Vater trat vor mich und musterte mich. Es war heiß. Ich sah die Schweißflecke unter seinen Achseln und roch seinen Atem.

»Ich habe kein Ticket für dich gekauft, weil ich es nicht wollte. Ich habe mit deinem Großvater gesprochen, vor ein paar Tagen schon. Er ist derselben Meinung wie ich. Wir wollen, dass du hier bleibst. Wir wollen, dass du bei deiner Tante und deinem zukünftigen Ehemann wohnst und ein anständiges Mädchen wirst. Eines, das sich wie ein richtiges pakistanisches Mädchen benimmt und auch so denkt«, sagte er leise, aber eindringlich.

Ich begann zu weinen. Ich wollte etwas sagen, doch es gelang mir nicht.

»Wie lange?«, brachte ich schließlich heraus.

»Bis du bereit bist, Salman zu heiraten.«

Ich war am Boden zerstört, flehte meinen Vater an, bettelte, mich mitzunehmen.

Aber er ließ sich nicht umstimmen. Das Einzige, was er mir erlaubte, war, meine Familie bis zum Flughafen zu begleiten.

Im Auto saß ich wieder auf dem Rücksitz neben meiner Schwester Aisha und weinte die ganze Fahrt über.

»Was ist denn? Wir sind doch bald wieder in Österreich«, sagte meine Schwester.

Offenbar hatte ihr niemand erzählt, dass ich nicht mitkommen würde. Ich brachte es nicht übers Herz, es ihr zu sagen.

Gemeinsam mit meinem Onkel und Salman begleitete ich meine Familie bis zum Flugsteig.

Vor der Passkontrolle kamen meine Brüder zu mir.

»*Salam.* Mach's gut.« Mehr hatten sie mir nicht zu sagen.

Auch der Abschied von meinen Eltern fiel äußerst kühl aus. Sie nahmen Aisha an die Hand und verschwanden hinter der Passkontrolle.

»Was ist los, Sabatina? Komm doch«, rief sie.

Ich konnte ihr nicht in die Augen sehen.

»Ich komme nicht mit, Aisha. Ich bleibe hier und warte auf dich. Vergiss mich nicht. Und, Vater, bitte hol mich bald.«

»Wir werden sehen«.

Ich drehte mich um und floh aus der Wartehalle.

Kapitel IV

Laut Koran hat Allah nicht nur sieben Himmel, sondern auch sieben Höllen geschaffen. Für mich jedoch gab es auch noch eine achte: Sie war etwas mehr als achtzig Quadratmeter groß und befand sich in Lahore – Salmans Haus.

Es bestand aus drei Zimmern: dem Wohnzimmer, in dem mein Onkel schlief, dem Schlafzimmer, wo meine Tante, meine Cousinen und ich abends unsere Matten aufrollten, und einem dritten Zimmer, das Salman allein bewohnte.

Es war ein einfaches, aber funktionales Haus mit separater Küche, Bad und Toilette sowie einem an das Nachbargebäude angrenzenden Innenhof, von dem aus ein Tor auf die Straße führte.

Das Haus der Familie meines Cousins befand sich in Gushan Ali Colonny, dem Stadtteil Lahores, in dem vorwiegend Beamte, Angestellte und Angehörige des Militärs wohnen. Für pakistanische Verhältnisse stellt das Viertel eine recht ordentliche Wohngegend für die Mittelschicht dar, wenngleich es für einen Westeuropäer wie ein Slum wirkt. Sämtliche Häuser in Salmans Straße sind nach demselben Prinzip gebaut: ein Tor, dahinter ein kleines Wohnhaus mit großem Hof, alle in derselben eintönigen grauen Farbe. Die Straßen sind schmal, staubig und mit Schlaglöchern übersät. Gehsteige gibt es ebenso wenig wie hübsche Plätze oder Parks. Wie überall in diesen Breiten ist es ständig heiß und feucht, so dass ich unablässig schwitzte. Und auch hier hing ständig dieser durchdringende Geruch nach Gas und Müll, vermischt mit Curry, in der Luft.

Mein Onkel Asghar, der früher für das Militär gearbeitet hatte, war aufgrund einer Verletzung vorzeitig in den Ruhestand versetzt worden und nur selten zu Hause. Obwohl er nicht mehr arbeiten musste, ging er jeden Morgen früh aus dem Haus, um sich mit Freunden in einer der vielen Teestuben Lahores zu treffen, und kam meist erst kurz vor Einbruch der Dämmerung wieder zurück.

Das unbestrittene Oberhaupt der Familie war meine Tante Shehnaz, die Schwester meiner Mutter. Sie beherrschte den Haushalt mit dem Ton eines Feldwebels, dem nicht einmal mein Onkel zu widersprechen wagte. Tante Shehnaz war gut vierzig Jahre alt und damals schon ungeheuer dick. Nach einer Krankheit war ihr vor einigen Jahren ein Lungenflügel entfernt worden, und sie hatte ständig Probleme mit dem Blutzucker. Die Ärzte rieten ihr, möglichst jede Aufregung zu meiden – eine Anweisung, um die sich meine impulsive Tante jedoch herzlich wenig kümmerte. Mein Cousin Salman war ihr erklärter Liebling. Er ging noch zur Schule und wollte später einmal Techniker werden.

Und dann waren da noch meine beiden Cousinen: Sana, die ein Jahr älter war als ich, und die fünf Jahre jüngere Hina. Beide waren das, was man als anständiges pakistanisches Mädchen bezeichnet. Sie halfen den ganzen Tag im Haushalt, stellten keine kritischen Fragen, und wenn sie das Haus verließen, dann nur in Begleitung ihres Vaters oder Bruders, das Haar artig von einem Schleier verhüllt.

Die Abreise meiner Eltern hatte mich schwer getroffen. Zum ersten Mal hatten sie mich allein gelassen – ausgerechnet hier, in einem Land, mit dem ich nicht vertraut war, in dem ich mich nicht auskannte und es auch nicht wollte. Ich hatte niemanden, mit dem ich über meine Probleme sprechen konnte, ausgenommen meine Tante und mein Cousin – genau die beiden Menschen, die die Ursache meines Problems darstellten. Ich fühlte mich so einsam und verlassen wie noch nie in meinem Leben.

Auf der Rückfahrt vom Flughafen weinte ich ununterbrochen. Ich konnte und wollte mich nicht beruhigen. »Alles wird gut«, wiederholte Salman ständig, der neben mir auf der Rücksitzbank saß.

»Was soll schon gut werden?«, fragte ich ihn, obwohl mir klar war, dass er keine Antwort darauf wusste. Ich würde mich nicht in ihn verlieben. Ich würde ihn nicht heiraten.

Meine Eltern wollten, dass ich mich hier zu einer anständigen Pakistani entwickelte. Es ist mir nach wie vor unbegreiflich, wie sie sich das vorgestellt hatten. Hatten sie wirklich geglaubt, ich würde in der Einsamkeit meiner inneren Emigration umdenken und mich von Grund auf ändern? Ein neues Leben anfangen? Ich war damals beinahe siebzehn Jahre alt und kein kleines Kind mehr, das man einfach mit Gewalt, religiöser Indoktrination und seelischer Grausamkeit verändern, *verbiegen* konnte. Immerhin hatte ich meine Pubertät in einem Land verbracht, wo es an jeder Ecke Coca-Cola, Kino, MTV und

H & M gab. Wo man sich als Mädchen ungestraft mit Jungs treffen und seine Nachmittage zwischen Freibad und Kaffeehaus verbringen konnte. Nicht, dass ich all diese Privilegien in vollen Zügen genossen hätte – diese Freiheiten hatten mir meine Eltern auch in Österreich nicht gewährt. Aber zumindest wusste ich, dass es all diese Dinge gab, und genau aus diesem Grund vermisste ich sie auch.

Als wir vom Flughafen zurückkamen, erwartete uns meine Tante bereits. Ich heulte immer noch, doch meine Tante, die sich die Tage davor noch bemüht hatte, nett zu wirken, machte keinerlei Anstalten, mich zu trösten.

»Hör auf zu jammern«, herrschte sie mich an. »Wenn ich mit deiner Erziehung fertig bin, wirst du wissen, was sich gehört und was nicht.«

Ich heulte die ganze Nacht.

Als ich am nächsten Morgen aufwachte, waren Salman und meine Tante bereits angezogen.

»Steh auf«, sagte meine Tante, »und zieh dich an. Wir suchen jetzt eine Schule für dich.«

Zu dritt zwängten wir uns auf Salmans Moped und fuhren los. Wenn meine Tante tatsächlich eine Schule für mich suchte, dann würde alles vielleicht doch nicht ganz so schlimm werden, dachte ich anfangs noch. Vielleicht fanden wir ja sogar eine Schule mit Schwerpunkt Musik oder Schauspiel.

Doch als wir vor dem ersten Schulgebäude anhielten, fanden meine Tagträumereien ein jähes Ende. Es war ein unscheinbares, flaches Gebäude, dem schon von außen anzusehen war, dass es schmutzig und staubig war. Offenbar stellte sich meine Tante unter einer Schule etwas anderes vor als ich. Und auf einmal wurde mir klar, was sie vorhatte: Sie würde mich in eine Koranschule stecken.

In Pakistan gibt es auch für Mädchen Koranschulen, und ich hatte schon eine Menge davon gehört: Dort wurde an sechs Tagen pro Woche von früh bis spät im Koran gelesen, man war mit hunderten anderen Mädchen zusammengepfercht und hatte keinerlei Freiraum. Nach allem, was ich wusste, gab es für die Mädchen keine andere Beschäftigung, als sich in die Schriften Mohammeds zu vertiefen. Es hieß, in diesen Schulen gebe es nur schlechtes Essen, die hygienischen Zustände seien entsetzlich, und darüber hinaus würden die Schülerinnen auch noch geschlagen werden. Dies waren die Brutstätten der konservativen Hardliner – und obwohl ich damals gläubige Muslimin war, konnte ich mich als solche ganz bestimmt nicht bezeichnen.

Als wir das Schulgebäude betraten, sah ich auf den ersten Blick sämtliche Geschichten bestätigt, die mir zu Ohren gekommen waren. Alles sah genauso aus, wie ich es mir vorgestellt hatte. Ich sah Dutzende Mädchen in ihren *shalwar kameez,* von denen die Mehrzahl ihr Haar unter einem Chador verbargen. Niemand lachte, niemand sprach, und es herrschte eine geradezu gespenstische Stille.

Wir gingen zum Schulleiter, dem meine Tante erklärte, dass sie mich in dieser Schule anmelden wolle. Der Schulleiter sah mich an.

»Wo kommst du her?«, fragte er mich.

»Ich bin in Dhedar geboren worden. Aber die letzten sieben Jahre habe ich in Österreich gelebt.«

Er schickte mich vor die Tür. Kurze Zeit darauf kam meine Tante heraus.

»Er hat dich abgelehnt«, sagte sie. »Er will keine europäischen Mädchen auf seiner Schule.«

Sie war wütend, während ich erleichtert aufatmete. Wenn keine einzige Koranschule ein westliches Mädchen aufnahm, dann stand es also doch gar nicht so schlecht für mich, sagte ich mir.

In allen anderen Schulen erwartete uns dasselbe – sobald die Schulleiter erfuhren, dass ich aus Österreich kam, lehnten sie mich ab. Eine Schulleiterin riet meiner Tante sogar, mich auf eine normale Schule zu schicken. »Koranschulen sind schon für unsere Mädchen hart. Für Ihre Nichte wäre so etwas geradezu unmenschlich«, sagte sie, nachdem sie mich eingehend gemustert hatte.

Doch meine Tante ließ sich nicht beirren.

»Du gehörst erzogen«, sagte sie, »und keine Angst, wir finden schon etwas Passendes.«

Und genau davor hatte ich Angst.

Am vierten Tag fand meine Tante tatsächlich eine Schule, ein Internat, wo man bereit war, mich aufzunehmen, und zwei Tage danach lieferten mich meine Tante und Salman mit dem Moped dort ab.

»Du kommst erst wieder zurück, wenn du so bist wie alle anderen«, sagte sie vor der Tür, ehe sie sich nach einem kurzen Abschied auf den Nachhauseweg machten.

Es war eine sunnitische Koranschule, die mitten im Zentrum von Lahore lag und schon von außen alles andere als einladend aussah: Man sah nur eine lange, helle Mauer, deren Verputz an den meisten Stellen bereits abgeblättert war. In der Mitte war ein schweres Eisentor, dessen Flügel beim Öffnen durchdringend quietschten. Dahinter befanden sich drei rund um einen Hof angelegte flache, einstöckige Gebäude, denen man ebenfalls ansah, dass sie schon seit Jahren nicht mehr renoviert worden waren. Überall bröckelte der Putz von der Fassade, und an einer Wand waren bereits große Löcher zu sehen. Der Innenhof war entsetzlich schmutzig; Steine und Dachziegel lagen auf dem Boden, dazwischen halb verfaulte Essensreste – ein wahres Paradies für Ungeziefer. Es roch durchdringend nach verdorbenen Lebensmitteln, Kot und Urin, vermischt mit dem stets präsenten Curry-Geruch.

Es war entsetzlich. Schon als ich in den Hof trat, fiel mir auf, wie ruhig es hier war. Man hörte keine Stimmen, obwohl sich mehrere hundert Mädchen hier aufhalten mussten. Für Pakistan, wo es ansonsten überall laut und hektisch zugeht, war das ungewöhnlich.

Wie viele Räume und Klassen es in meiner Koranschule gab, weiß ich bis heute nicht, weil es uns nicht erlaubt war, auf dem Schulgelände herumzugehen. Während meines gesamten Aufenthalts bekam ich lediglich mein Klassenzimmer und den Innenhof zu sehen, in dem morgens die Appelle stattfanden – abgesehen von den Toiletten und Duschen natürlich.

Der Raum, in den mich die Schulleiterin brachte, war

rechteckig, höchstens fünfzig Quadratmeter groß und vollständig mit Teppichen ausgelegt. Ich sah mich erstaunt um und fragte die anderen Mädchen, wo denn unser Schlafzimmer und der Speisesaal seien. Doch ihr Kichern verriet mir, dass es weder das eine noch das andere hier gab. Die nächsten Monate sollte ich mich fast ausschließlich in diesem einen Raum aufhalten. Wir waren etwa dreißig Mädchen, die den ganzen Tag in diesem Raum eingepfercht waren. Hier lernten wir, hier aßen wir, und hier schliefen wir. Es gab keine Stühle oder Sessel, so dass wir uns zum Essen und Lernen auf den Teppich knien mussten. Und abends legten wir uns einfach auf den Boden – Matratzen oder gar Betten gab es ebenfalls nicht.

Natürlich ebenso wenig wie eine Klimaanlage. Wenn dreißig Mädchen den ganzen Tag lang auf so engem Raum zusammen sind, dann wird es sogar am Nordpol irgendwann warm. In Pakistan, wo es im Sommer weit über vierzig Grad hat, wird es irgendwann zur reinsten Hölle.

Auch die sanitären Einrichtungen waren so, wie ich befürchtet hatte – sogar noch schlimmer. Für Dutzende Mädchen gab es gerade mal drei Waschräume mit Duschen, von denen gewöhnlich jedoch nur eine funktionierte; die anderen waren verstopft, oder das Licht war kaputt. Deshalb standen wir gewöhnlich in langen Reihen vor der Tür und warteten, bis wir an der Reihe waren.

Der Waschraum selbst war verfliest, doch die Fliesen waren so schmutzig, dass ich mich fragte, ob hier jemals schon geputzt worden war. Überall klebte der Schmutz an den Wänden, und wenn es warm war – also praktisch jeden Tag –, bevölkerten Fliegen und allerlei anderes Ungeziefer den Waschraum. Überall lagen Stofftücher mit Blutspuren darauf herum, die irgendwann einmal weiß gewesen waren: Keine meiner Mitschülerinnen hatte je von so etwas wie Tampons gehört, deshalb benutzten sie diese Stofftücher und ließen sie danach einfach im Waschraum liegen. Es war einfach widerlich.

Und auch die Duschen selbst spotteten nicht nur nach westlichen Standards jeder Beschreibung: Sie waren winzig klein, kaum größer als zwei Quadratmeter, und hatten zwar eine Tür, deren Schloss jedoch nicht funktionierte, so dass man ständig von den anderen beobachtet wurde. Das Absurdeste war die Brause selbst: Einen Duschkopf gab es nicht – so etwas kannte hier niemand –, stattdessen war auf Nabelhöhe ein kleiner, kümmerlicher Wasserhahn montiert. Also konnte man sich entweder hinknien, um sich zu waschen, oder man nahm den Plastikkübel, mit dem man sich umständlich das Wasser über den Kopf schütten konnte, was natürlich eine halbe Ewigkeit dauerte. Und Zeit hatte man ganz bestimmt nicht, denn vor der Tür wartete bereits die Nächste, die sich waschen wollte. Aber ich wollte sowieso immer möglichst schnell aus der Dusche verschwinden – zu allem Übel war das Wasser nämlich auch noch eiskalt.

Ähnlich unerfreulich war es mit der Toilette: Sie bestand lediglich aus einem Loch im Boden. Und es war durchaus an der Tagesordnung, dass diese Toilette überlief, so dass man mit den Füßen in den Fäkalien stand.

Unnötig zu erwähnen, dass es kein Toilettenpapier gab, sondern lediglich einen Kübel mit brackig-brauner Brühe darin.

Es war eine Qual, und es dauerte mehrere Tage, bis ich mich überwinden konnte, mich in diesem Umfeld zu waschen.

Schon in den ersten Tagen war mir klar, wie eintönig das Leben in dieser Koranschule ablaufen würde. Und noch heute erinnere ich mich daran, dass ich mich innerhalb kürzester Zeit wie eine Gefangene fühlte. Meine Tage verliefen nach einem strengen Stundenplan, der keinerlei Abwechslung bot. Für manche mag so etwas beruhigend sein – für mich war diese Monotonie absolut unerträglich.

Kurz vor sechs Uhr wurden wir geweckt. Nach dem *fadjar,* dem Morgengebet um sechs Uhr, mussten wir uns waschen und anziehen. Es gab keine Schuluniform im herkömmlichen Sinn, nichtsdestoweniger sahen wir alle gleich aus: Die meisten Mädchen trugen einen Chador, und die wenigen, die das nicht wollten, mussten die Haare zu einem strengen Knoten frisieren, da alles andere nicht gottgefällig gewesen wäre. Ansonsten waren wir ganz in Weiß gekleidet: Weiß ist die Farbe des Propheten, und gläubige Muslime sollten seine Lehren nicht nur gedanklich befolgen, sondern auch im Hinblick auf die äußere Erscheinung. Wer nicht gehorchte, bekam von der Erzieherin so lange Schläge, bis er sich anpasste.

Die Erzieherin war eine von zwei Autoritätspersonen, die sich um uns kümmerten. Sie war eine große, hagere Frau, deren Gesicht stets von einem Schleier verhüllt war. Wie alt sie war, konnte man beim besten Willen nicht erkennen, doch ihre tiefe Stimme, mit der sie uns gewöhnlich anherrschte, ließ vermuten, dass sie schon ziemlich alt war. Die Erzieherin hielt sich von morgens bis abends in unserem Zimmer auf. Sie kontrollierte die Essensausgabe, dirigierte uns morgens in den Waschbereich und wachte in den Lernstunden, wenn wir den Koran lesen mussten, darüber, dass wir uns richtig verhielten, nicht schwatzten oder uns sonst irgendwie ablenken ließen. Sie sorgte dafür, dass Disziplin und Ordnung herrschte. Zu diesem Zweck hatte sie einen Rohrstock in der Hand, den sie auch nicht zögerte einzusetzen. Wenn wir tuschelten, lachten oder uns sonst irgendwie unpassend benahmen, gab sie uns fünf Schläge mit dem Stock. Mindestens.

Neben diesen Lesestunden, die morgens, nachmittags und abends stattfanden, gab es auch noch Religionsunterricht durch einen Mullah. In seiner Anwesenheit lasen wir ebenfalls im Koran, und er erklärte uns die Worte des Propheten. Dieser Unterricht begann um zehn Uhr morgens und dauerte zwei Stunden.

»Ladkio Parda Karo!«, rief die Erzieherin, wann immer der Mullah auftauchte, was so viel bedeutet wie: »Mädchen verhüllt euch, der Mullah naht.« Daraufhin verbargen wir unsere Gesichter hinter einem Schleier und gingen in den Klassenraum. Der Mullah durfte Frauen nicht sehen, aus diesem Grund war unser Zimmer während des Unterrichts durch einen Vorhang geteilt. Dahinter saß der Mullah, während wir uns in zwei Reihen zu je fünfzehn Mädchen gegenübersaßen. Vor uns stand ein fünf Meter

langer und etwa fünfzig Zentimeter hoher Tisch, auf den der Koran gelegt wurde. Der Koran durfte niemals auf dem Boden liegen.

»*Salam alaikum wa rehmatullah*« – »Friede sei mit euch«. Das waren jeden Tag seine ersten Worte. Anschließend bestimmte er, welche Seite des Korans an diesem Tag gelesen wurde, und dann begann der Unterricht. Es herrschte Totenstille im Raum, und niemand traute sich, dem Lehrer irgendwelche Fragen zu stellen.

Der Mullah wusste, dass ein europäisches Mädchen in der Klasse saß, wollte mich jedoch nicht von sich aus fragen, warum ich hier war. Eines Tages hörte er mich im Unterricht weinen.

»Wer weint hier?«, fragte der Mullah.

»Das Mädchen aus Germany«, riefen die anderen.

Er befahl mir, zu ihm zu kommen. Ich stand auf, zupfte mein *shalwar kameez* zurecht und ging nach vorn.

»Nein, nicht den Vorhang wegziehen. Das ist verboten!«, schrien die anderen, als sie beobachteten, dass ich die Hand ausstreckte, um den Vorhang beiseite zu schieben.

Ich war verdutzt. Wollte er nun mit mir reden oder nicht?

»Wie heißt du, und warum weinst du, Mädchen?«, wollte der Mullah wissen.

»Ich heiße Sabatina. Und ich halte es hier nicht mehr aus«, schniefte ich und zog mein Taschentuch heraus, um mir die Nase zu putzen.

»Allah hat dich ausgewählt, Sabatina. Deshalb darfst du eine Koranschule besuchen. Das ist ein Geschenk, ein

Glück, und darum sollst du fromm sein und nicht weinen.«

Doch auch dieser Gedanke konnte mich nicht trösten. Auch wenn ich im Jenseits mit dem Paradies belohnt werden würde – im Hier und Jetzt war ich trotzdem todunglücklich, in einer Koranschule eingesperrt zu sein.

Der Unterricht und die Lesestunden dauerten bis in den Abend und wurden nur von den Gebeten unterbrochen: dem *zohar* in der Zeit zwischen zwölf und ein Uhr mittags, dem *assar,* dem Nachmittagsgebet um vier Uhr, dem *maghrib* und dem Abendgebet um sieben Uhr abends. Vor jedem Gebet mussten wir uns rituell die Hände waschen.

Den ganzen Tag über gab es nur eine Pause – eine Stunde am Mittag, während deren wir uns im Klassenzimmer oder im Hof bewegen durften und während deren gegessen wurde.

Der Tag endete nach dem *ischa,* dem Nachtgebet, gegen neun Uhr abends.

Sechs Tage ging das so, dann hatten wir einen Tag frei – jeden Tag derselbe Trott. Eine Monotonie, die einen in den Wahnsinn treiben konnte.

Doch meinen Mitschülerinnen schien das nicht das Geringste auszumachen. Oder hatten sie mittlerweile resigniert? Die meisten von ihnen waren ungefähr so alt wie ich, nur wenige waren etwas älter. Wohin ich auch sah, nichts als ausdruckslose, apathische Gesichter. Sie waren für nichts zu begeistern, kapselten sich von der Außenwelt ab und lebten in ihrem Trott aus Beten, Koranlesen, wieder Beten und schließlich Schlafen.

Die Tage krochen mit schier unerträglicher Langsamkeit dahin, und ich konnte mich einfach nicht an mein neues Leben in dieser Schule gewöhnen. Fast ununterbrochen dachte ich an meine Familie zu Hause. Warum hatten sie mir das angetan? Nur weil ich Salman nicht heiraten wollte? Ich war ständig traurig und sehnte mich nach Linz, nach meinen Freundinnen und sogar nach meinen Eltern. Mein Vater hatte versprochen, mich irgendwann abzuholen. Daran glaubte ich, daran klammerte ich mich. Nur – wann war das? Ich erinnere mich noch gut daran, dass ich Allah unzählige Male angefleht habe, mich zu erlösen und endlich meinen Vater zu schicken. Doch nichts passierte.

Es gelang mir einfach nicht, mich einzuleben. Ich wusste, dass ich diese Qual nicht überstehen würde, obwohl ich nicht einmal genau benennen konnte, was genau die größte Qual darstellte. Diese heruntergekommene Schule, die strengen Erzieherinnen oder das Martyrium, jeden Tag eingesperrt zu sein und im selben Trott dahinzuvegetieren, ohne auch nur die geringste Chance auf ein wenig Freizeit und Abwechslung zu haben?

Obwohl ich mit den anderen Mädchen auf so engem Raum lebte, hatte ich kaum Kontakt zu ihnen. Sie konnten nicht nachvollziehen, weshalb mir all das hier so schwer fiel. Anfangs hatten einige versucht, mit mir ins Gespräch zu kommen, und wissen wollen, woher ich kam und weshalb ich so oft weinte. Ich erzählte ihnen von Österreich, von meinem Leben dort, von der Musik, dem Kino und den Cafés.

Ebenso wenig konnten sie die Probleme mit meiner

Familie und meine Weigerung nachvollziehen, meinen Cousin zu heiraten.

»Was ist so schlimm daran, wenn die Eltern einen Mann aussuchen?«, fragten sie mich. Für sie war diese Aussicht völlig normal. Die Mehrzahl von ihnen war bereits jemandem versprochen. »Liebe« und »Zuneigung« waren für sie Fremdwörter – etwas, das Allah einem als Zugabe zu einem glücklichen Leben noch schenkte.

Doch die meiste Zeit während des Tages war Sprechen ohnedies verboten. Wer zu laut redete, wurde von der Erzieherin ohne Vorwarnung geschlagen; gelegentlich mussten wir uns sogar im Hof versammeln, wo die Lehrer ein Exempel an einer der Schülerinnen statuierten. Immer wieder wurde ein Mädchen vor allen anderen wegen irgendwelcher Lappalien mit dem Rohrstock geschlagen, was zu Folge hatte, dass die Ärmste einige Tage lang kaum mehr sitzen konnte. Ich hingegen hatte Glück und musste derartige Züchtigungen nie über mich ergehen lassen.

In der Schule ging es nicht nur darum, den Koran zu lesen. Stattdessen versuchten die Lehrer, uns sämtliche Regeln und Vorschriften einzubläuen, die eine pakistanische Frau zu befolgen hatte – beispielsweise, dass eine Frau ihr Haar niemals offen tragen darf, weil dies als unkeusch gilt. Oder dass man nicht im Stehen trinken darf, weil es nicht gottgefällig ist. Und dass eine Frau während ihrer Regel als schmutzig gilt und deshalb in dieser Zeit den Koran nicht berühren darf.

In den Pausen saß ich meistens allein in einer Ecke im Hof und betrachtete traurig die Bilder meiner Freunde in Österreich.

»Was werden sie nur denken?«, fragte ich mich. Ich hatte ihnen versprochen, ihnen aus Pakistan zu schreiben, aber das war nicht möglich. Als ich einmal versucht hatte, einen Brief an eine meiner Freundinnen zu schreiben, hatte mir die Erzieherin den Brief einfach weggenommen.

»Deine Tante hat gesagt, du darfst das nicht.« Und damit war das Thema erledigt gewesen.

Langsam begann die Koranschule mich mürbe zu machen. Ich wurde immer lethargischer und trübseliger und schleppte mich mühsam von einem trostlosen Schultag zum nächsten – wobei diese Tage noch deutlich angenehmer waren als die freien Tage, die meine Mitschülerinnen bei ihren Familien verbrachten. Mich hingegen holte nie jemand ab. Aber meine Eltern lebten ja auch nicht in Pakistan, und von meiner Tante und deren Familie kam mich in all den Wochen und Monaten nie jemand besuchen.

Eine einzige Freundin fand ich in der Koranschule. Sie hieß Aischa, war so alt wie ich und stammte aus einem kleinen Ort hundert Kilometer nördlich von Lahore. Sie hatte eine schwere Kindheit hinter sich, da ihre Eltern gestorben waren, als sie noch ein kleines Mädchen war. Mit fünf Jahren war sie zu ihrer Tante gekommen, die sie jedoch ständig schlug. Außerdem war sie mehrfach von ihrem Onkel missbraucht worden, ohne dass ihre Tante jemals eingegriffen hätte. Für sie war die Koranschule das reinste Paradies, da sie hier endlich zur Ruhe kam.

Sie war die Einzige, die zumindest versuchte, mich zu verstehen. Obwohl sie ebenfalls nach den Lehren des Korans erzogen worden war und Pakistan noch nie verlassen hatte, war sie wenigstens nicht ganz so konservativ und engstirnig wie all die anderen Mädchen. Sie stellte mir eine Menge Fragen über Österreich und die Menschen dort, obwohl es ihr sichtlich schwer fiel, all das nachzuvollziehen, was ich ihr über das Leben dort erzählte.

Aischa wurde zu einem wahren Rettungsanker in dieser Zeit und tröstete mich, wenn mich nachts das Heimweh nach Österreich überfiel oder ich weinend aus dem Schlaf aufschreckte.

Und sie setzte sich für mich ein, wenn ich von den anderen Mädchen verspottet wurde, und wich nicht von meiner Seite, wenn ich nicht wusste, wie ich die nächste Mahlzeit überstehen sollte.

Vom ersten Tag an brachte ich es kaum über mich, etwas von dem zu essen, was wir jeden Tag vorgesetzt bekamen.

Vor allem das Abendessen, das normalerweise aus *dal*, einer undefinierbaren Suppe aus roten Linsen, und *roti*, dem typischen Fladenbrot, bestand, bereitete mir regelmäßig Probleme.

Vor dem Essen ging ich gemeinsam mit Aischa in den Waschraum, um mir die Hände zu waschen. Doch dort bildete sich natürlich eine lange Schlange vor den Waschbecken, so dass wir eine Weile warten mussten, bis wir an der Reihe waren.

Doch wann immer ich endlich den Waschraum betreten durfte, fiel mein Blick als Erstes auf die Haufen blutiger Stoffbinden, die inmitten von all dem Schmutz und dem Ungeziefer auf dem Waschbeckenrand lagen. Ich spürte, wie eine Woge der Übelkeit in mir aufstieg, und stürzte, dicht gefolgt von Aischa, in die Toilette.

Ich konnte einfach nichts mehr essen, weil mich vor jeder Mahlzeit unsäglich ekelte – ebenso wie davor, eine dieser Toiletten zu benutzen, die ständig übergelaufen waren und wo es penetrant nach Urin, Kot und Erbrochenem stank.

Seit meiner Ankunft in der Koranschule vor über zwei Monaten litt ich nahezu ständig an dieser entsetzlichen Übelkeit – bis ich mich eines Tages schließlich endgültig weigerte, auch nur einen Bissen zu mir zu nehmen.

Meine Erinnerungen an diese trostlose Zeit sind sehr lückenhaft und verschwommen. Diese endlose Monotonie hatte mich nicht nur an meine körperlichen Grenzen geführt, sondern sich systematisch in mein Gehirn eingegraben und meinen Widerstand allmählich erlahmen lassen. Es war eine Gehirnwäsche, die langsam zu greifen begann – wenn auch nicht in der Art und Weise, wie es sich meine Eltern, meine Tante und die Lehrer in der Koranschule vorgestellt hatten. Denn ich war nicht ein ordentliches pakistanisches Mädchen geworden, das ihrer Hochzeit freudig entgegensah, wie sie es sich erhofft hatten, sondern teilnahmslos und für nichts mehr zu begeistern; nicht einmal für das Lernen, das mir früher immer so großen Spaß gemacht hatte.

Allmählich bemerkten wohl auch die Erzieherinnen, dass ich immer hohlwangiger und lethargischer wurde.

Als ich nach drei langen Monaten zu allem Übel auch noch Läuse bekam und mit schweren Durchfällen und Koliken im Bett lag, zog meine Erzieherin endlich die Konsequenzen und verständigte meine Tante.

Meine Qual hatte ein Ende gefunden. Doch als mich meine Tante abholte, war ich so entkräftet, dass ich mich noch nicht einmal darüber freuen konnte.

Kapitel V

Als ich wieder ins Haus meiner Tante und meines Onkels zurückkehrte, hatte ich mich verändert. Die Monate in der Koranschule hatten mich ruhiger gemacht.

Es war nicht so, dass ich meinen Cousin Salman mittlerweile heiraten wollte, aber die Versuche der Erzieherin und des Mullahs, mich zu disziplinieren, hatten offenbar gefruchtet. Ich war gebrochen, und das nicht nur in körperlicher Hinsicht: Wenn meine Tante mit mir sprach, versuchte ich gar nicht mehr erst mit ihr zu diskutieren, sondern hörte einfach nur kommentarlos zu. Ich steckte meine Haare genauso streng wie in der Koranschule nach oben, trug ein weißes *shalwar kameez,* als hätte ich nie etwas anderes angehabt, während meine Kleidung aus Österreich irgendwo unbeachtet in einer Tasche lag. Meinen Widerstand gegen meine Tante und meine Eltern, den ich drei Monate zuvor noch durch betont westliche Kleidung auszudrücken versucht hatte, war verschwunden. Nicht, dass ich inzwischen zu einem traditionellen pakistanischen Leben zurückfinden wollte – ich sah einfach keinen Sinn mehr darin, mich gegen alles und jeden aufzulehnen. Ich wollte keine Schläge, keine Beschimpfungen mehr. Also fügte ich mich so gut es ging.

Ich war immer noch extrem dünn, meine Wangen waren eingefallen, und die Ringe unter meinen Augen waren deutlich zu sehen. Doch dank der üppigen Kost meiner Tante besserte sich mein Zustand, so dass ich nach etwa einer Woche wieder einigermaßen auf dem Damm war. Aber wenn ich geglaubt hatte, damit sei das Kapitel Koranschule erledigt, sollte ich bald eines Besseren belehrt werden: Kaum war ich körperlich wieder einigermaßen auf dem Posten, machte sich meine Tante auch schon auf die Suche nach einer neuen Schule. Meine religiöse Erziehung, dessen war sich meine Tante sicher, war noch lange nicht abgeschlossen.

Wir fanden eine Wahhabiten-Schule, die sich in unmittelbarer Nähe unseres Hauses befand. Auch hier ging es ausschließlich darum, die Worte Mohammeds zu lernen, doch die Schule war deutlich liberaler als die erste. Die fünfundzwanzig Mädchen, mit denen ich in eine Klasse ging, waren zwar ebenso gläubig, doch durchwegs freundlicher und weltoffener als meine ehemaligen Mitschülerinnen. Im Gegensatz zur ersten Schule durften wir miteinander sprechen und standen in den Unterrichtspausen im Hof zusammen. Im Unterricht selbst entwickelten sich manchmal Gespräche mit dem Mullah, was an der anderen Koranschule vollkommen undenkbar gewesen war. Manchmal lachten wir sogar gemeinsam, wenn wir auf den Teppichen vor der niedrigen Holzbank knieten, auf der der Koran lag. Es gab keine Schläge und keine Erzieherinnen mit einem Rohrstock. Niemand wurde vor der ganzen Schule verprügelt, weil er im Stehen getrunken hatte, und der Zustand der sanitären Anlagen war zum Glück wesentlich besser. Nach ein paar Tagen fühlte ich mich in der neuen Umgebung sogar wohl, denn der wohl größte Vorteil war, dass es sich bei dieser Schule nicht um ein Internat handelte.

Salman brachte mich jeden Morgen hin, bevor er zur Schule fuhr, und holte mich abends wieder ab.

Endlich hatte ich so etwas wie eine Familie, mit der ich

mich unterhalten konnte, auch wenn es nicht meine Eltern, sondern nur meine Tante und Cousinen waren: Vor allem mit meiner jüngeren Cousine Hina und den Nachbarskindern verbrachte ich eine Menge Zeit, und ganz allmählich verblassten die entsetzlichen Erinnerungen an das Internat.

Ich war zwar nach wie vor nicht gerne in Pakistan und wäre am liebsten sofort nach Österreich zurückgekehrt, doch im Vergleich zu meinen Erfahrungen in der Koranschule war das Leben im Haus meiner Tante mittlerweile einigermaßen erträglich. Auf einmal kam ich sogar mit meiner Tante ziemlich gut zurecht. Ich betete fünf Mal am Tag und las gelegentlich sogar zu Hause den Koran, und zwar nicht, um meiner Tante etwas vorzuspielen, sondern weil mich der Koran tatsächlich interessierte. Bis zum heutigen Tag bin ich ein sehr religiöser Mensch – auch wenn ich inzwischen nicht mehr an denselben Gott glaube wie damals.

Doch trotz allem durfte ich zu dieser Zeit nicht alleine das Haus verlassen. Daran hatte sich nichts geändert, und das störte mich erheblich. Trotzdem unternahm ich keinen Versuch, mich gegen die strengen Regeln aufzulehnen. Denn ich konnte mich nur allzu gut an meinen einzigen Versuch erinnern, als ich vor mehr als drei Monaten mit meiner Cousine Hina durch das Viertel spaziert und von den Passanten angepöbelt worden war. Etwas Derartiges wollte ich nicht noch einmal erleben.

Für die Einkäufe des Haushalts war mein Cousin Salman zuständig. Alle paar Tage fuhr er mit seinem Moped los und kehrte voll beladen zurück, etwas, worum ich ihn glühend beneidete. Ich war schon mehr als vier Monate in Pakistan, den größten Teil davon in Lahore, aber bis auf unser Haus, die Schule und den Weg dorthin hatte ich praktisch nichts gesehen.

»Nimm mich doch mal mit zum Einkaufen, nur einmal.« Ich bettelte und flehte Salman an, doch er lehnte ab.

»Aber ich brauche ein paar Sachen.«

»Du kannst mir sagen, was du brauchst, dann kaufe ich es dir.«

»Ich brauche Toilettenartikel. Du wirst dich ja wohl kaum trauen, Damenbinden zu kaufen.«

»Wenn es sein muss, kaufe ich sogar das. Aber du kommst auf keinen Fall mit!«

Ich versuchte es immer wieder, doch vergeblich. Er war hart wie ein Stein und ließ sich nicht einmal mit Tränen erweichen.

Die Tage vergingen, und schließlich kam der 20. November – mein siebzehnter Geburtstag. Als ich noch in Österreich gewesen war, hatte ich meinen Geburtstagen immer schon wochenlang entgegengefiebert. Natürlich durfte ich keine Geburtstagspartys geben, dafür feierte ich in der Schule mit meinen Freundinnen, und meistens stahl ich mir anschließend noch etwas Zeit, um mit ihnen in ein Kaffeehaus zu gehen.

Und nun jährte sich der 20. November, und ich war allein in Pakistan. Ich hatte schon eine halbe Ewigkeit nichts mehr von meinen Freunden in Österreich gehört, und auch an diesem Tag gab es keinen Anruf, keine Postkarte – nichts, denn sie hatten ja nicht einmal meine Adresse.

Nur meine Eltern riefen kurz an. Sie gratulierten mir und klangen ziemlich nett, deshalb nahm ich meinen Mut zusammen und fragte meinen Vater, wann er mich abholen käme.

»Ich weiß es noch nicht. Irgendwann.«

Schlagartig war ich wieder traurig und hätte mich am liebsten in einer Ecke verkrochen. Nachdem ich aufgelegt hatte, kam Salman zu mir.

»Alles Gute zum Geburtstag«, sagte er.

»Danke.«

»Zieh dich an. Zur Feier des Tages fahren wir in die Stadt. Das wünschst du dir doch, oder?«, meinte er. »Aber zieh dich so an, dass du vollständig verhüllt bist, und sieh niemandem in die Augen, wenn wir unterwegs sind.«

Voller Vorfreude lief ich ins Frauenzimmer und zog mein bestes *shalwar kameez* an.

Salman fuhr mit mir nach Defence, einen Stadtteil, von dem ich seit meiner Ankunft in Pakistan schon eine Menge gehört hatte. Es hieß, dass die Reichen und Schönen Lahores, sprich die Politiker, Musiker und Sportler, hier wohnten. Und angeblich sollte es dort unzählige Geschäfte und Lokale geben, die es ohne weiteres mit jeder westlichen Konkurrenz aufnehmen konnten.

Nach etwa einer halben Stunde bemerkte ich, dass die Straßen breiter und besser und die Gegend ein wenig ruhiger und sauberer wurden. Hier lagen keine Mülltüten mehr auf der Straße, und es stank auch nicht mehr so entsetzlich wie in den anderen Stadtteilen, die wir bisher durchquert hatten.

Defence war genau so, wie ich es mir vorgestellt hatte. Hohe, westlich aussehende Häuser und überall Restaurants und Bars. Ich erkannte etliche internationale Firmennamen wieder, und die Menschen, die hier unterwegs waren, trugen allesamt westliche Kleidung. Salman stellte das Moped auf einem kleinen Platz ab, und wir stiegen ab.

»In welches Cafe gehen wir?«, fragte ich. »Oh, lass uns doch zuerst in das da drüben gehen, das sieht nett aus.« Dieses »da drüben« war die lokale Filiale von McDonalds.

»Wir gehen nirgendwo hinein.«

»Aber wieso denn nicht?«

»Weil sich das nicht gehört.«

»Okay, dann lass uns wenigstens spazieren gehen.«

»Nein, das geht auch nicht.«

Wieso durfte ich noch nicht einmal spazieren gehen, obwohl Salman doch dabei war?

»Das geht nicht. Es könnte sein, dass uns irgendein Freund von mir sieht. Das wäre eine große Schande für mich, denn wir sind ja noch nicht verheiratet!«, fuhr er fort.

Ich war zutiefst enttäuscht. Und wütend. Endlich hatte ich Salman so weit gebracht, dass er mit mir aus dem Haus ging, nur um am Ende das Leben wieder von draußen betrachten zu müssen.

»Dann können wir ja gleich wieder nach Hause fahren«, rief ich. Und damit fand unsere kleine Spritztour ein rasches Ende.

Zu Hause hatten wir uns einigermaßen miteinander arrangiert. Wenn ich nicht in der Koranschule war, half ich meiner Tante oder beschäftigte mich mit den Nachbarskindern und meiner Cousine Hina. Wenn meine Cousinen in der Schule waren, blieb ich allein bei meiner Tante, die nicht besonders viel mit mir sprach, mich zum Glück aber im Großen und Ganzen in Ruhe ließ und mich nicht mehr beschimpfte. Und ganz, ganz selten hatte ich das Glück, allein im Haus zu sein. An diesen Tagen stieg ich auf das Flachdach unseres Hauses und hörte Musik auf meinem Walkman. Das waren die schönsten Augenblicke in Pakistan. Ich erinnere mich heute noch ganz genau daran – denn so viele schöne Momente hatte ich in Pakistan nicht.

Eines Tages saß ich wieder einmal auf dem Dach und hing meinen Gedanken nach, als meine Tante ins Haus gestürzt kam.

»Wo warst du? Was ist los?«, fragte ich, als ich ihre entsetzte Miene sah.

Meine Tante setzte sich hin und brachte zuerst kein Wort heraus. Schließlich holte ich ihr ein Glas Wasser, von dem sie einen Schluck trank.

»In der Nähe unseres Viertels hat sich ein Mädchen umgebracht. Sie hat sich erhängt, weil sie von einem Mann vergewaltigt worden ist.« Meine Tante weinte nicht, trotzdem sah ich ihr an, dass sie der Tod des Mädchens sehr mitnahm.

»Weiß man, wer sie vergewaltigt hat? Was ist mit dem Verbrecher?«, rief ich erschüttert.

»Er wohnt zwei Straßen weiter. Ich kenne ihn.«

»Und hat die Polizei ihn schon verhaftet?« Wenigstens weiß man, wer der Schuldige ist, und kann ihn bestrafen, dachte ich erleichtert.

»Nein, wieso auch? Er ist ein Mann, und das Mädchen hat ihn in Versuchung geführt. Sie ist selbst schuld.« Und damit verließ sie den Raum.

Bis zum heutigen Tag erfüllt mich dieses Erlebnis mit Entsetzen. Es gibt viele Bücher über die Rolle der Frau in der islamischen Welt; Bücher, mit deren Hilfe der islamische Glaube Westeuropäern nahe gebracht werden soll, ebenso wie solche, die im Grunde nichts anderes sind als Hasstiraden auf eine Gesellschaft, die die westlichen Kulturen nicht verstehen können. Seit damals habe ich einige dieser Werke mit großer Aufmerksamkeit gelesen. Es gibt unendlich viele Schauergeschichten über die Unterdrückung der Frau, aber wirklich begreifen kann man dieses Phänomen wahrscheinlich erst, wenn man selbst in einer derartigen Situation gesteckt hat.

Und in diesem Moment, als mir meine Tante von der Vergewaltigung und dem Tod des Mädchens erzählte, begann auch ich zu begreifen – mehr als während meines Aufenthalts in der Koranschule. Eine Frau ist in Pakistan *absolut nichts* wert. Das mag hart klingen, aber genauso empfand ich das damals – und auch heute noch, wenn ich meine eigene Geschichte Revue passieren lasse. Ich wusste, dass ich bei der nächsten Gelegenheit dieses Land verlassen musste ..., dass ich nur in Österreich eine Zukunft hatte.

Zu dieser Zeit war mir durchaus klar, dass ich auch in Österreich große Probleme mit meinen Eltern gehabt hatte. Doch aus einer Distanz von mehr als zehntausend Kilometern sieht man die Dinge meist ein klein wenig anders und neigt wahrscheinlich dazu, sie etwas zu verklären, und genau das tat ich damals auch. Die Schläge und endlosen Demütigungen durch meine Eltern, die ich in Linz über mich hatte ergehen lassen, erschienen mir angesichts dieses Wahnsinns, der in Pakistan tagtägliche Realität war, plötzlich wesentlich weniger bedeutsam. Es mag absurd und kaum vorstellbar klingen, doch ich sehnte mich nach meinen Eltern. Sie fehlten mir. Ich wollte nach Hause zu meiner Mutter und zu meinem Vater. Ich wollte zurück, ohne auch nur die leiseste Ahnung zu haben, wie ich das bewerkstelligen sollte. Einige Male sprach ich meine Tante darauf an, doch sie gab mir nur ausweichende Antworten, und von meinen Eltern selbst hatte ich seit meinem Geburtstag nichts mehr gehört. Ich hatte keine Ahnung, was aus mir werden sollte.

Je länger ich in Salmans Haus wohnte, umso klarer wurde mir, dass ich ihn niemals heiraten würde. Für einen pakistanischen Mann war er nett, zweifellos. Objektiv betrachtet war er wahrscheinlich sogar gut aussehend: Er war mindestens einen Kopf größer als ich, schlank und durchtrainiert. Sein dichtes, schwarzes Haar und seine buschigen Augenbrauen verliehen ihm etwas Geheimnisvolles. Aber er war unnahbar und abweisend, eben durch und durch ein Pakistani. Er war sich bewusst, dass er die wichtigste Person im Haushalt war und alles haben konnte, was er wollte. Und diese Macht übte er auch aus: auf seine Schwestern, seine Mutter und auf mich.

Er war verliebt in mich, daran bestand kein Zweifel. Ich gefiel ihm, und er war sich sicher, dass wir eines Tages heiraten würden. Das regte seine Phantasie offensichtlich an, wie mir seine Blicke mehr und mehr verrieten: Wann immer er sich unbeobachtet fühlte und mich anstarrte, fiel mir dieses erwartungsvolle Glühen in seinen Augen auf.

Ich weiß nicht, ob Salman damals schon Erfahrungen mit Frauen gehabt hatte. Er war siebzehn, und wenn er in Österreich aufgewachsen wäre, hätte man wohl davon ausgehen können. Aber hier in Pakistan?

Seit meinem Geburtstag versuchte er immer wieder, auch abends mit mir allein zu sein. Ich hingegen bemühte mich, derartige Situationen zu vermeiden, da ich nicht wusste, wie ich mich verhalten sollte. Ich wollte nichts von ihm, so viel stand fest. Andererseits wollte ich auf keinen Fall meine Tante in die ganze Sache hineinziehen, weil ich nicht einschätzen konnte, was sie dazu sagen würde. In Pakistan dürfen Jugendliche vor der Ehe keinen körperlichen Kontakt zueinander haben, sogar Küssen ist verboten. Wenn zwischen Salman und mir etwas Derartiges passieren würde, wäre dies eine Schande für die Familie, und man braucht nicht viel Fantasie, um sich ausmalen zu können, wen meine Tante dafür verantwortlich machen würde.

Genau das sagte ich Salman jedes Mal, doch es schien ihn nicht im Mindesten zu kümmern. Deshalb versuchte ich ihm nach Möglichkeit aus dem Weg zu gehen.

Doch eines Nachts, knapp zwei Wochen nach meinem Geburtstag, passierte es.

Es war weit nach Mitternacht, und ich hatte schon lange geschlafen, als ich plötzlich spürte, dass mich jemand anstieß. Es war Salman, der sich vorsichtig hereingeschlichen hatte. Ich setzte mich auf und sah mich um. Links neben mir lagen meine Cousinen Hina und Sana, die beide tief und fest schliefen. Ich drehte mich um. Auch aus der Ecke, wo meine Tante ihre Matratze ausgerollt hatte, hörte ich leises, monotones Schnarchen.

Ich sah zu Salman auf, der sich den Zeigefinger an die Lippen legte und mir bedeutete, ihm nach draußen zu folgen.

Ich war in der Zwickmühle. Einerseits wollte ich nicht mit ihm hinausgehen, weil ich mir durchaus vorstellen konnte, was dann passieren würde. Andererseits wollte ich keinen Radau schlagen, weil ich nicht einschätzen konnte, was dann passieren würde. Doch er ließ sich einfach nicht abwimmeln, deshalb gab ich am Ende nach und ging mit.

Wir schlichen in sein Zimmer. Abgesehen von dem entfernten Straßenlärm, der gedämpft durch die Fenster hereindrang, war es vollkommen still. Es war zwar dunkel im Haus, doch der Mond schien ins Zimmer, so dass ich Salman gut erkennen konnte. Er trug eine weiße Stoffhose, und sein Oberkörper war nackt.

Wir standen vor seinem Bett. Er streckte die Hand aus und berührte mein Haar, dann streichelte er über meine Wange und ließ langsam seinen Zeigefinger über meine Lippen gleiten.

Ich fühlte mich schrecklich. Angeekelt. Übelkeit stieg in

mir auf. In diesem Moment zog Salman mich an sich, schloss die Augen und beugte sich vor. Ich spürte seine Zunge auf meinem Mund und presste die Lippen zusammen, ohne mich abzuwenden. Salman öffnete die Augen und starrte mich eisig an.

Auf einmal hasste ich ihn.

Langsam begann er, die Bänder meines Schlafhemdes zu lösen, ehe er den Stoff beiseite schob, um meine Brüste betrachten zu können. Dann begann er sie zu streicheln und zu küssen.

Mir war schlecht. Ich wollte weg, aber meine Beine waren wie gelähmt.

In diesem Augenblick zog er sich die Hose herunter und begann zu onanieren.

Das war das Entwürdigendste, was ich jemals erlebt hatte. Ich war mitten in Pakistan im Haus meiner Verwandten, im Zimmer rechts von mir schlief mein Onkel, links von mir hörte ich meine Tante schnarchen, während ich mit offenem Hemd im Zimmer meines stöhnenden Cousins stand, der sich selbst befriedigte.

Ich wollte davonlaufen, dem Ganzen ein Ende setzen. Ich wollte mich übergeben, so sehr ekelte ich mich, doch ich konnte es nicht. Stattdessen blieb ich einfach reglos stehen und sah ihn an, sah, wie er auf meine Brüste stierte. Ich verachtete ihn. Teilnahmslos wartete ich, bis er fertig war, ehe ich mich umwandte und in mein Bett zurückkehrte, ohne ihn auch nur eines weiteren Blickes zu würdigen. Ich konnte noch nicht einmal weinen.

Am nächsten Tag sprach ich kein Wort mit Salman,

doch das schien ihn nicht weiter zu stören. Er tat so, als wäre nichts gewesen.

Von diesem Zeitpunkt an passierte es fast jede Nacht. Sobald die anderen schliefen, kam Salman in unser Zimmer geschlichen und holte mich. Ich versuchte ihm zu zeigen, wie kalt mich all das ließ, so dass er nach einigen Versuchen wenigstens keine Anstalten mehr machte, mich vorher auch noch zu küssen.

Stattdessen beobachtete ich mit ausdruckloser Miene, wie er meine Bluse aufmachte, und wartete, bis er fertig war. Dann wischte ich mir seine Spuren vom Körper und verließ das Zimmer, ohne ihn noch einmal anzusehen.

Doch innerlich kochte ich. Ich war wütend und traurig, unternahm jedoch keinen Versuch, irgendetwas dagegen zu unternehmen. Mich ekelte. So sehr, dass ich nicht einmal in den Spiegel sehen konnte. Ich hasste es, eine Frau zu sein, hasste es, in diesem Körper stecken zu müssen.

Tagsüber ließ ich mir nichts anmerken. Ich hatte Angst, weniger vor Salman als vor meiner Tante. Wenn ich mich über Salman beschwerte, würde sie mich dafür verantwortlich machen und behaupten, ich hätte ihn provoziert. War es nicht das gewesen, was sie auch über das tote Mädchen gesagt hatte, das vergewaltigt worden war? Sie hatte einen Fremden in Schutz genommen und die gesamte Schuld auf ein Mädchen geschoben, das sie noch nicht einmal kannte. Wie wäre es wohl, wenn es um ihren einzigen Sohn ging?

Mein Stellenwert innerhalb der Familie war nicht besonders hoch, das war mir schon damals klar. In der

Familienhierarchie kam zuerst Salman, der Stammhalter, dann sein Vater, der zwar im Haushalt nichts zu sagen hatte, aber immerhin das Geld für den Haushalt nach Hause brachte – und sei es auch nur in Form einer nicht besonders üppigen Rente aus seiner Militärtätigkeit. Dann kam meine Tante, dann meine Cousinen und irgendwann ich. Es wurde niemals offen über diese Rangordnung gesprochen, trotzdem war sie in jeder Situation spürbar – beim Essen, beim Schlafen und auch dann, wenn es in der Familie etwas zu besprechen gab. Meine Meinung zählte nicht, und darum gab es auch keinen Grund, sich anzuhören, was ich zu sagen hatte, ebenso wenig wie meine Cousinen.

Bei unseren Nachbarn war es sogar noch schlimmer, denn sie prügelten ihre Kinder ununterbrochen. Immer wieder hörte ich von drüben laute Schreie. Einmal, es war kurz nach zehn Uhr abends, schrien die Mädchen so laut, dass ich zu meiner Tante ging.

»Wer ist das? Was ist da los?«, fragte ich.

Meine Tante schaute kaum von ihrer Arbeit auf.

»Das sind die Töchter von Yasmin. An dieses Schreien solltest du dich lieber gleich gewöhnen. Die Mädchen werden sehr oft geschlagen, manchmal von der Mutter, manchmal auch von ihrem Vater.«

Für meine Tante war so etwas keineswegs ungewöhnlich.

Eines Tages saß ich gegen Mittag im Wohnzimmer mit meiner Tante, als ich plötzlich wieder jemanden schreien hörte. »Im Namen Allahs, helft mir!« Ich ging mit meiner Tante auf die Straße und sah eine alte Frau vor unserem

Tor liegen. Sie war blind, und ihre Kleidung starrte vor Schmutz. Sie war völlig entkräftet.

Wir gingen zu ihr und trugen sie gemeinsam mit unserer Nachbarin ins Haus, wo ich ihr ein Glas kaltes Wasser brachte und ihr einen *chai* kochte.

Als es ihr besser ging, erzählte sie uns ihre Geschichte. Sie war, wie wir bereits bemerkt hatten, eine Bettlerin. Von ihren beiden Söhnen wurde sie misshandelt und bekam weder etwas zu essen noch Kleidung. Sie tat mir schrecklich Leid.

Wir gaben ihr ein neues *shalwar kameez* und etwas zu essen, dann begleitete ich sie zur Tür.

»Allah wird dich segnen«, sagte sie zu mir und tastete sich mit Hilfe ihres Stocks wieder auf die Straße.

»Tut sie dir nicht Leid?«, fragte ich meine Tante, die das Ganze nicht besonders zu beeindrucken schien.

»Nein.« Mehr hatte sie nicht dazu zu sagen.

Seit dem verunglückten Ausflug an meinem Geburtstag nach Defence wusste ich, wo und wie die Elite Pakistans lebte – sie wohnte in wunderschönen Vierteln mit wunderschönen Häusern und hatte alles, was auch Westeuropäer besitzen. Doch die Mehrzahl der Pakistanis ist arm. Lange Zeit war mir nicht bewusst gewesen, wie viele Menschen in den Slums und schlechteren Wohngegenden hausten, und ich hatte bis zu diesem Tag in Lahore noch keinen einzigen Bettler auf der Straße gesehen. Wir lebten in einer durchschnittlichen Wohngegend, und offenbar wussten die Bettler ganz genau, dass sie von den einfachen Pakistanis kein Mitleid zu erwarten hatten, und versuchten deshalb ihr Glück in unserer Gegend erst gar nicht.

Dafür gab es umso mehr Straßenverkäufer. Den ganzen Tag über konnte ich von unserem Innenhof aus hören, wie sie in den Gassen ihre Waren anpriesen. Sie verkauften alles: Früchte, Gemüse, Fladenbrot, Haushaltsgegenstände und Süßigkeiten. Man hörte sie schon von weitem, wenn sie ihre Wagen durch die Straßen zogen – große Karren, die unter der Last der Waren schier zusammenzubrechen drohten.

Die Ersten tauchten schon kurz nach dem Morgengrauen auf, und die Letzten verschwanden meist erst nach Sonnenuntergang.

Einer von ihnen hatte es mir ganz besonders angetan: Wochenlang hörte ich diese hohe, fast kindliche Stimme, die Popcorn um zwei Rupien, umgerechnet also rund fünf Cent, anbot. Ich brannte vor Neugier, ob es sich bei dem Straßenhändler tatsächlich um ein Kind handelte, so wie die Stimme erahnen ließ.

Eines Abends, als ich gerade im Hof war, kam er wieder. Salman war zu einem Freund gegangen, mein Onkel in die Moschee, und die anderen saßen im Wohnzimmer. Ich hatte zehn Rupien eingesteckt. Aber konnte ich mich wirklich auf die Straße trauen? Wenn meine Tante das mitbekäme, würde es garantiert Ärger geben.

Ich schlich mich vor das Tor und zog mir den Schleier vors Gesicht. Vorsichtig spähte ich nach links und nach rechts, um zu sehen, ob irgendwo Nachbarn standen. Doch die Straße war menschenleer.

»Ich habe das billigste Popcorn von ganz Lahore, Madame.« Er war tatsächlich noch ein kleiner Junge und sah erbärmlich aus. Er trug ein zerrissenes, schmutziges *shalwar kameez* und hatte nicht einmal Schuhe an.

»Sag, wie alt bist du denn?«, fragte ich und trat vor ihn.

»Ich bin neun«, antwortete er mit klarer, furchtloser Stimme.

»Wie lange arbeitest du schon?«

»Jeden Tag, Madame, ich habe eine sehr arme Familie.« Er gab mir eine Tüte frisches Popcorn, das er gerade erst aus seiner Maschine geholt hatte, die auf einem großen, schweren Anhänger stand.

»Wie fährt dieses Ding eigentlich?«, fragte ich ihn.

»Es fährt nicht von selbst. Ich muss es ziehen.« Ich reichte ihm meine zehn Rupien. Der Junge wollte mir mein Wechselgeld geben, aber ich nahm es nicht.

»Shukria«, strahlte der Junge. Danke. Er konnte es kaum glauben, dass ich ihm tatsächlich Geld geschenkt hatte. »Ich hoffe, wir sehen uns öfter! *Khuda aapko hamescha khusch rakhe! Khuda Hafiz.«* – Gott soll Sie immer glücklich machen. Auf Wiedersehen. Als der Junge den Anhänger weiterzog, bemerkte ich, dass er leicht hinkte und alle paar Meter anhalten und eine kleine Pause einlegen musste.

Von da an hörte ich seine Stimme jeden Tag. Er kam offenbar, weil er hoffte, wieder einmal ein so üppiges Trinkgeld zu bekommen. Aber ich konnte nicht mehr zu ihm, weil ich nie mehr unbeobachtet war. Er tat mir so schrecklich Leid. Deshalb überredete ich Salman, mir Popcorn zu holen, so dass ich ihm auf diese Weise wenigstens zwei Rupien zusätzlich zukommen lassen konnte – obwohl ich Popcorn damals nicht ausstehen konnte.

Es war Mitte Dezember, ich war bereits seit mehr als fünf Monaten in Pakistan. Von meinen Eltern hörte ich nur sehr selten, denn wenn sie anriefen, sprachen sie fast ausschließlich mit meiner Tante. Noch immer dachte ich ununterbrochen an zu Hause und wollte so schnell wie möglich zurück. Doch zumindest weinte ich nicht mehr jede Nacht so wie am Anfang, als sie mich hier zurückgelassen hatten. Wider Erwarten hatte ich mich halbwegs eingelebt und mich mit meinem Schicksal abgefunden, vorläufig hier bleiben zu müssen. Die wahhabitische Koranschule, die ich besuchte, war nicht unbedingt das, wonach ich mich mein Leben lang gesehnt hatte, aber im Großen und Ganzen konnte ich damit leben.

Ich war nach wie vor überzeugte Muslimin und betete fünf Mal am Tag. Das war auch der Grund, weshalb ich mich in der Koranschule so wohl fühlte, wo ich mich tagtäglich mit meinem Glauben auseinander setzen konnte. Im Gegensatz zu den anderen Mädchen, die mit mir im Unterricht saßen, fragte ich oft beim Mullah nach, wenn ich etwas nicht verstand. Ich wollte *wissen*. Ich wollte Mohammeds Worte verstehen. Und ich hatte den Eindruck, dass dem Mullah diese Einstellung sehr gefiel.

»Hat das Mädchen aus Europa heute wieder eine Frage?«, scherzte er manchmal.

Und meistens hatte ich tatsächlich eine.

»Warum beginnt fast jede Sure im Koran mit einem unbekannten Wort?«, fragte ich ihn. Oder: »Warum sind die Frauen nicht den Männern gleichgestellt?« Der Mullah erklärte es mir. Besser gesagt, er versuchte es zumindest.

»Das steht in *Sura al Nisa 4.34*, Tochter. Die Männer stehen über den Frauen, weil Allah sie ausgezeichnet hat und wegen der Ausgaben, die sie von ihrem Vermögen gemacht haben. *Und wenn ihr fürchtet, dass Frauen sich auflehnen, dann vermahnt sie, meidet sie im Ehebett und schlagt sie.«*

Und das sollte der Prophet gesagt haben? Ehrlich gesagt, konnte ich mir das kaum vorstellen, aber ich wollte darüber nicht weiter nachdenken. Allah wollte es offenbar so – also durfte ich nicht daran zweifeln, dachte ich. Und vielleicht kamen wir Frauen ja im Paradies zu unserer Ehre …

Innerlich hatte ich mich damals zwar gewiss nicht geändert, aber zumindest hatte ich meinen offenen Widerstand aufgegeben. In der neuen Schule fühlte ich mich gut aufgehoben, und meine tägliche Auseinandersetzung mit dem Koran zeigte offenbar Wirkung. Ich war stolz, Muslimin zu sein, und fühlte mich den anderen Religionen eindeutig überlegen. Doch das war nur der religiöse Aspekt: In meine Rolle als pakistanische Hausfrau wollte ich mich nach wie vor nicht einfügen. Es musste doch eine Möglichkeit geben, auch als gläubige Muslimin nach einem westlichen Wertesystem zu leben. Nach meinen Erfahrungen, die ich in der Zwischenzeit gemacht habe, bin ich mittlerweile anderer Ansicht, doch damals klammerte ich mich verzweifelt an diese Hoffnung. Und ich war auch überzeugt davon, dass ich über kurz oder lang wieder nach Österreich zurückkehren würde.

Es erschien mir am klügsten, mich möglichst unauffällig zu verhalten; also achtete ich darauf, jeglicher Auseinandersetzung mit meiner Tante aus dem Weg zu gehen. Ich benahm mich so wie meine Cousinen, die ich inzwischen »Schwester« nannte, trug weiße Kleidung und steckte mein Haar ordentlich hoch – ich mimte das anständige pakistanische Mädchen. Vielleicht würde das meine Rückkehr beschleunigen; zumindest erschien mir das als Möglichkeit, mein Ziel irgendwann einmal zu erreichen.

Und auch meiner Tante entging diese offensichtliche Veränderung nicht. Im Gegensatz zu früher fand sie offenbar nicht mehr ständig einen Anlass, sich über mich zu ärgern, und wenn ich gemeinsam mit ihr auf der Straße war, musste sie mich nicht mehr wegen meines Auftretens und meiner Kleidung rügen.

»Ich bin stolz auf dich«, sagte meine Tante jetzt sogar manchmal. »Du wirst wirklich noch zu einem pakistanischen Mädchen.«

»Das bin ich doch schon«, gab ich jedes Mal brav zurück und lächelte.

Mehrere Wochen vergingen, und irgendwann kam mein Großvater aus Dhedar angereist. Er habe Termine in Lahore, sagte er, doch ich wusste genau, dass er in Wahrheit nichts anderes wollte als meine Entwicklung kontrollieren. Ich gab mich so unterwürfig, wie ich nur konnte, stellte keine einzige Frage und redete nur, wenn er mich ansprach. Als er sich am nächsten Tag wieder verabschiedete, hatte ich das Gefühl, die Prüfung bestanden zu haben.

Wenn meine Tante dabei war, versuchte ich auch, besonders freundlich zu meinem Cousin Salman zu sein. Ich unterhielt mich mit ihm und brachte ihm unaufgefordert Wasser oder *chai*. Dass er mich nach wie vor fast jede Nacht in sein Zimmer holte, ließ ich mir nicht anmerken. Und wie ich vorhergesehen hatte, registrierte meine Tante wohlwollend die Veränderung im Umgang mit Salman.

»Bist du jetzt bereit, ihn zu heiraten?«, fragte sie mich eines Tages.

»Ja«, antwortete ich und blickte zu Boden, wie sich das in Pakistan gehört.

Natürlich war all das reine Schauspielerei. Ich wünschte mir nichts sehnlicher, als endlich aus diesem Haus und diesem Land zu verschwinden. Aber mir war klar geworden, dass die Verbindung mit Salman meine einzige Chance, die Fahrkarte zurück in ein normales Leben war. Ich wusste, dass ich mich mit Salman verloben musste, um wieder nach Österreich zurückkehren zu können.

Wenige Tage vor Weihnachten rief meine Mutter wieder bei meiner Tante an. Sie unterhielten sich einige Zeit, ehe mir meine Tante schließlich den Hörer reichte.

»Ich habe gehört, du hast dich verändert«, sagte meine Mutter. Sie klang ungewöhnlich nett.

»Ja«, erwiderte ich, »ich versuche es.«

»In ein paar Tagen wird ein Engel für dich kommen«, fuhr sie fort. Ich verstand nicht ganz, was sie damit meinte. In ein paar Tagen war Weihnachten, was für meine

Mutter jedoch keinerlei Bedeutung hatte. Die Ankündigung eines Weihnachtsgeschenks konnte es also wohl kaum sein. Würde mein Großvater mit meinen Cousinen zu Besuch kommen? Würde ich vielleicht sogar Post aus Österreich bekommen? Von meinen Eltern oder meinen Schulfreundinnen? Obwohl ich aufgeregt war, bemühte ich mich, nicht allzu erfreut zu klingen – denn ordentliche pakistanische Töchter zeigen keine offene Freude. »Ganz so, wie Allah es will«, sagte ich demütig.

In den nächsten Tagen war ich so aufgeregt, dass ich nachts kaum schlafen konnte, doch ich durfte auf keinen Fall riskieren, dass meine Maskerade aufflog, indem ich mir irgendetwas anmerken ließ. Insgeheim hoffte ich natürlich, dass meine Eltern kamen, um mich abzuholen – obwohl ich mir jeden Gedanken daran verbot. Was, wenn sie mich nur besuchten und ohne mich zurückflogen? Ein zweites Mal würde ich es nicht über mich bringen, sie zum Flughafen zu bringen und dann zu Salman zurückzukehren.

Zwei Tage nach Weihnachten war es so weit.

»Heute bekommst du Besuch«, verkündete meine Tante schon am Morgen.

»Wer kommt denn?«, fragte ich.

»Das wirst du bald sehen.«

Waren es wirklich meine Eltern? Das war doch nicht möglich. Als sich mein Onkel jedoch das Auto des Nachbarn auslieh und mit Salman davonfuhr, begann ich unwillkürlich Hoffnung zu schöpfen.

Kurz nach Mittag hörte ich den Wagen in der Einfahrt.

Ich lief aus dem Zimmer, riss das Tor auf und stürzte mich in seine Arme. Mein Vater.

Am liebsten hätte ich ihn nie wieder losgelassen. Er war gekommen, und er würde mich nicht mehr allein hier zurücklassen.

»Ich freue mich so, dass du da bist«, sagte ich.

»Ich mich auch.« Er trat einen Schritt zurück und sah mich an.

»Ich sehe *nur* in deinem Gesicht«, sagte er und lachte. *Nur* ist der pakistanische Ausdruck für Gelassenheit und innere Ausgeglichenheit.

Wir gingen ins Haus, und meine Tante schilderte meinem Vater, wie sehr ich mich verändert hätte. Dass ich mittlerweile beten würde, gerne in die Koranschule ginge und ihr im Haushalt helfen würde.

Mein Vater schien sehr stolz auf mich zu sein und freute sich. Und ich freute mich noch mehr. Jetzt wird alles gut, dachte ich.

»Bist du jetzt bereit, Salman zu heiraten?«, fragte er mit ernster Miene.

»Wenn du es willst, dann ja«, antwortete ich. Er umarmte mich, und meine Tante strahlte übers ganze Gesicht.

Danach musste alles sehr schnell gehen, da meinem Vater nur sehr wenig Zeit blieb. Sein Rückflug war für den 1. Jänner gebucht – und dieses Mal hatte er auch für mich ein Ticket gekauft.

Für eine richtige Hochzeit reichte die Zeit nicht, da unsere Verwandten aus Dhedar und meine Mutter mit meinen Geschwistern aus Österreich nicht so schnell würden anreisen können. Also beschlossen mein Vater und meine Tante, dass Salman und ich uns vorläufig erst einmal verloben sollten. Danach sollte ich mit ihm nach Österreich reisen und meine Ausbildung beenden. Endgültig heiraten würden wir erst in ein paar Jahren.

Ich war so glücklich wie nie zuvor. Meine Qual hätte wirklich bald ein Ende.

In den nächsten Tagen reisten eine Hand voll Verwandte an: eine meiner Tanten, ein Onkel, drei Cousinen aus Dhedar und natürlich mein Großvater, der Muezzin, der die Verlobungszeremonie vornehmen sollte.

Am 31. Dezember war es dann so weit.

Am Morgen halfen mir meine Tante und meine Cousinen beim Anziehen. Ich trug ein rotes *shalwar kameez,* das meine Tante speziell für diesen Anlass genäht hatte, und schwarze Schuhe.

Danach fuhren wir zu einem Schönheitssalon, der so klein war, dass niemand mehr darin Platz fand, nachdem meine Tante, zwei Cousinen und ich erst einmal dort waren. Ich setzte mich hin, und die Kosmetikerin begann mich zu schminken.

Sie tat ihr Bestes, um aus mir eine pakistanische Schönheit zu machen, und das bedeutete: Ich sah grauenvoll aus. Sie gab mir Unmengen Puder ins Gesicht, so dass ich einen möglichst hellen Teint bekam, was in den Augen der Pakistanis als besonders schön gilt. Dann umrandete sie meine Augen mit einem schwarzen Kajalstift und gab eine Unmenge rosafarbenen Lippenstift auf meine

Lippen. Als sie fertig war, sah ich etwa so natürlich wie eine Puppe aus dem Homeshopping-Kanal aus.

»Perfekt«, strahlte meine Tante zufrieden, während ich am liebsten ins Bad gelaufen wäre und mit das Gesicht abgewaschen hätte.

Als wir wieder nach Hause kamen, hatten sich neben den Verwandten auch unsere Nachbarn eingefunden. Sämtliche Frauen aus der Nachbarschaft hatten gekocht, so dass sich die Tische unter den pakistanischen Leckereien bogen: In großen Töpfen stand Basmati-Reis, dazu gab es Unmengen Huhn in Curry-Sauce, das meine Tante immer nur zu Festtagen kochte. Auf einem separaten Tisch lag *paratha*, ein ganz besonders gutes Fladenbrot, das nur zu speziellen Anlässen gebacken wird. Und als Dessert gab es süßlichen aromatisierten Reis und *barfis*, das pakistanische Milchkonfekt.

Sämtliche Cousinen scharten sich um mich und erkundigten sich pausenlos, wie es mir ging.

»Prima, ich freue mich so«, erwiderte ich brav.

Kurz nach Mittag wurde ich ins Wohnzimmer gerufen. Genauso wie vor einem halben Jahr, als ich mich in diesem Raum geweigert hatte, Salman zu heiraten, saß auch heute der Familienrat auf dem Sofa: mein Vater, Onkel Jasin, Onkel Asghar, der Vater meiner Mutter und natürlich mein Großvater väterlicherseits in der Mitte. Als ich ins Zimmer kam, erhoben sich alle. Von Salman war nirgendwo etwas zu sehen.

Mein Großvater begann, einige Verse aus dem Koran vorzulesen, von denen ich jedoch kein einziges Wort verstand. Das Ganze dauerte nur wenige Minuten, dann durfte ich den Raum wieder verlassen. Ich hatte nichts gesagt, nichts unterschrieben, nichts getan. Das sollte also meine Verlobung gewesen sein?

Offenbar ja. Denn nach mir wurde auch Salman ins Zimmer gerufen, der dieselbe Prozedur über sich ergehen lassen musste. Anschließend kam mein Großvater heraus und sagte: »Jetzt sind sie verlobt.«

Rückblickend betrachtet, war das Ganze nicht besonders aufregend. Natürlich war es nur eine Verlobung und keine Hochzeit, wo es Musik gegeben hätte, die Braut mit dem Wagen zu ihrem Bräutigam gebracht worden wäre und die Feierlichkeiten bis zu zwei Tage gedauert hätten. Dass eine Verlobung weit weniger spektakulär sein würde, war mir klar gewesen – aber so schlicht? Keine Gelöbnisse, wie ich es aus dem Fernsehen kannte, keine Ringe, kein gemeinsames Auftreten mit Salman vor den Gästen. In Österreich dauert das Ausstellen eines Reisepasses länger als meine Verlobung in Lahore. Das kam mir seltsam vor. Andererseits freute ich mich insgeheim darüber, da ich das Gefühl hatte, dass diese Zeremonie lediglich einen formalen Akt darstellte, um die Familie zu beruhigen und es meinem Vater leichter zu machen, mich nach Österreich zurückzubringen, ohne das Gesicht zu verlieren.

Die Nachbarn und Verwandten begannen zu essen, saßen den Rest des Nachmittags beisammen und unterhielten sich, während ich den Großteil der Zeit mit meinen Cousinen und den Nachbarskindern im Wohnzimmer verbrachte. Hin und wieder schaute Salman vorbei, der sehr festlich gekleidet war und übers ganze Gesicht strahlte. Es entging mir nicht, dass er jede Gelegenheit wahrnahm, mit mir allein zu sein, während ich mich bemühte, ihm möglichst aus dem Weg zu gehen.

Das größte Problem, das ich vor meiner Abreise hatte, war die Nacht. Nach unserer Verlobung hätten Salman und ich miteinander schlafen dürfen. Mir war klar, dass Salman alles daran setzen würde, nach den Erlebnissen der letzten Wochen in dieser Nacht einen Schritt weiterzugehen.

Als es Abend wurde, passte er mich im Vorraum ab.

»Ich hole dich heute Nacht, und dann schläfst du bei mir«, verkündete er.

»Wenn es geht«, erwiderte ich.

Als es schließlich Zeit war, schlafen zu gehen, erwiesen sich meine Cousinen aus Dhedar – unfreiwillig – als meine Rettung. »Wir schlafen heute bei Sabatina, weil sie ja morgen wieder wegfährt«, riefen sie, worauf ich die Gelegenheit beim Schopf packte und mit ihnen ins Frauenzimmer ging. Offenbar wagte Salman es nicht, sich bei so vielen weiblichen Gästen ins Frauenzimmer zu schleichen, denn die Nacht verlief ohne irgendwelche Zwischenfälle.

In dieser Nacht konnte ich vor Aufregung kaum schlafen. Ich würde nach Österreich zurückkehren und alle meine Freunde wiedersehen. Morgen früh wäre ich am Flughafen, und dann könnte nichts mehr passieren. Jetzt glaubte ich wirklich daran, dass mein pakistanischer Albtraum bald ein Ende finden würde.

Am nächsten Morgen war es tatsächlich so weit: Nach mehr als sechs Monaten allein in Pakistan brachte mich mein Vater nach Österreich zurück. Ich konnte es kaum erwarten, wieder nach Linz zu kommen. Und noch weniger konnte ich es erwarten, endlich Salman, meine Tante und das Haus in Lahore zu verlassen. Salman und mein Onkel brachten uns noch am Vormittag zum Flughafen. Wir hatten wenig Zeit. Ich checkte meine grüne Sporttasche ein, und dann ging es auch schon zur Passkontrolle. Ich umarmte meinen Onkel, ehe Salman sich vor mir aufbaute.

Er schaute mich von oben bis unten an, ohne Anstalten zu machen, mich zu umarmen.

»Du hast all das nur gespielt, Sabatina. Oder?«, presste er hervor.

Ich drehte mich um und verschwand durch die Passkontrolle, ohne etwas zu erwidern.

Kapitel VI

Am 2. Jänner 2000 landeten wir um die Mittagszeit auf dem Wiener Flughafen Schwechat. Obwohl unsere Reise aufgrund der Zwischenstopps in Dubai und London mehr als einen Tag gedauert hatte, war ich kein bisschen müde. Pakistan lag hinter mir. Bald würde ich meine Freunde wiedersehen. Ich war wieder daheim.

Den ganzen Flug über hatte ich neben meinem Vater gesessen und mich gefragt, wie ich mich ihm gegenüber verhalten sollte. Einerseits war er der Mann, der mich durch diese sechsmonatige Hölle in Pakistan geschickt hatte. Er war derjenige, der mich bei Verwandten zurückgelassen und dafür gesorgt hatte, dass man mich in eine Koranschule steckte und gegen meinen Willen mit meinem Cousin verheiratete. Andererseits hatte er mich gerade aus dieser Hölle herausgeholt. Sollte ich ihn dafür hassen oder ihn lieben, weil er mich erlöst hatte?

Dennoch war mir nicht entgangen, dass auch er sich in einem emotionalen Zwiespalt befand. Seine verstohlenen liebevollen Blicke verrieten mir, dass er froh war, mich wieder um sich zu haben. Und wann immer ich ihm von Lahore und der Koranschule erzählen wollte, wechselte er abrupt das Thema. Plagten ihn vielleicht so etwas wie Schuldgefühle? Und gleichzeitig wusste er nicht, was er davon halten sollte, dass ich mich offenbar von einem aufmüpfigen, widerspenstigen Teenager, der sich vehement gegen seine Wertvorstellungen gewehrt und damit seine Ehre gefährdet hatte, in eine scheinbar anständige Pakistani verwandelt hatte, die wusste, was sich gehört. Trog dieser Schein etwa?

Meine wundersame Verwandlung war tatsächlich nur

zum Teil echt, und seine Befürchtungen waren nicht ganz unbegründet. Denn obwohl mich die Zeit in der Koranschule reifer und nachdenklicher hatte werden lassen, war ich zugleich überzeugter denn je, Salman nie im Leben heiraten zu wollen. Und mindestens ebenso klar war mir, dass diese Haltung noch für erhebliche Probleme mit meiner Familie sorgen würde, denn offiziell war ich nun Salmans Verlobte. Durch diese Verlobung hatte ich zwar Zeit gewonnen und durfte Pakistan verlassen, aber ausgestanden war die Sache damit noch lange nicht. Ganz im Gegenteil. Irgendwann würde meine Familie darauf drängen, der Verlobung eine Hochzeit folgen zu lassen.

In der Ankunftshalle des Wiener Flughafens sah ich zum ersten Mal meine Mutter wieder. Sie war mit einer indischen Freundin und deren Mann aus Linz angereist, um uns abzuholen, da sie selbst keinen Führerschein besaß.

Ihr Anblick löste ähnlich zwiespältige Gefühle in mir aus wie der meines Vaters in Lahore. Zwar hatte ich nicht vergessen, was in den vergangenen Jahren zwischen uns vorgefallen war, trotzdem war ich froh und erleichtert, sie endlich wiederzusehen. Nachdem ich sie umarmt hatte, schob sie mich von sich und musterte mich prüfend. Und offenbar war sie zufrieden mit dem, was sie vor sich sah.

Wir machten uns auf den Heimweg nach Linz, wo sich nichts verändert zu haben schien – unser Haus, der Gebrauchtwagenhändler daneben, der Frisiersalon »Sylvia« an der Ecke. In dem Fotogeschäft, das sich im Erdgeschoss unseres Hauses befand, hingen noch dieselben Portraits wie bei meiner Abreise, und ich sah, dass der silberfarbene

VW Passat unserer Nachbarin an derselben Stelle stand wie früher, gleich neben dem alten roten Mercedes, der nur unwesentlich jünger war als sein Besitzer. Für mich fühlte es sich an, als wäre ich ein halbes Leben weggewesen, obwohl in Wahrheit kaum mehr als sechs Monate vergangen waren.

Als wir im siebten Stock aus dem Fahrstuhl stiegen, ging die Wohnungstür auf, und meine Geschwister kamen heraus. Meine Brüder benahmen sich wie gewohnt, das heißt, sie gaben sich betont lässig und taten so, als bedeutete es ihnen nicht das Geringste, dass ich wieder zu Hause war. Trotzdem sah ich ihnen an, dass sie sich aufrichtig freuten. Und dann sah ich meine Schwester, die sich enorm verändert hatte. Damals in Lahore am Flughafen hatte sie bittere Tränen vergossen und sich beim Abschied so an mich geklammert, dass meine Mutter sie von mir hatte wegziehen müssen. Doch nun stand sie in der Tür und zeigte keinerlei Gefühlsregung.

»Hallo«, sagte sie nur, ehe sie in unserem Zimmer verschwand.

Wir gingen in die Küche, und ich bekam zum ersten Mal Gelegenheit, ausführlich über meine Zeit in Pakistan zu erzählen. Denn im Gegensatz zu meinem Vater wollte meine Mutter alles haarklein geschildert bekommen und hörte mir geduldig zu, als ich ihr von den beiden Koranschulen, meinen Cousinen, meiner Tante und von Salman erzählte. Und sie hakte sogar nach, wenn sie das Gefühl hatte, dass ich irgendetwas ausgelassen hatte. Und das tat ich wirklich. Vor allen Dingen wollte ich ihr nichts von den Erniedrigungen durch Salman erzählen, da sie möglicherweise Verdacht geschöpft hätte, dass meine Veränderung nicht ganz der Wahrheit entsprach.

Doch offenbar waren meine Schilderungen überzeugend. »Du hast *nur* im Gesicht«, stellte sie lächelnd fest, als ich geendet hatte. Genau dasselbe hatte mein Vater vor wenigen Tagen in Lahore zu mir gesagt. Sie war sich sicher, dass es eine gute Idee gewesen war, mich ein halbes Jahr in Pakistan »erziehen zu lassen«, wie sie es nannte.

Die nächsten Tage verbrachte ich ausschließlich in der Wohnung. Ich verkniff es mir sogar, ein Stockwerk nach unten zu gehen, um Celestine zu begrüßen. Stattdessen wich ich meiner Mutter nicht von der Seite. Auch wenn ich neugierig war und unbedingt wissen wollte, wie es meinen Freundinnen ging, wollte ich ihr das Gefühl geben, dass ich mich verändert hatte. Also räumte ich auf, bügelte und kochte und hörte nicht einmal Musik, was ich früher stundenlang getan hatte und was mich enorme Überwindung kostete, da in meinem Zimmer alle meine Lieblings-CDs und -Kassetten standen.

Vor allen Dingen aber nahm ich es mit dem Beten ganz genau, denn das hatte die Koranschule eindeutig bewirkt: Obwohl ich früher schon gläubig gewesen war, hatte ich mich zu einer überzeugteren Muslimin denn je entwickelt. Der Islam war die einzig richtige Religion, und ich musste stolz sein, Muslimin zu sein. Alle fünf Gebete, die der Koran von einem gläubigen Muslimen verlangt, absolvierte ich, und ich las täglich mehrere Suren – genau so, wie ich es in Pakistan gelernt hatte. Heute ist mir klar, dass ich damals wahrscheinlich nicht nur aus Überzeugung, sondern auch aus einer Art Selbstschutz heraus gehandelt habe. So seltsam es auch klingen mag, aber der Koran hatte in dieser Zeit enorme Bedeutung für mich. Und je beklemmender die Situation mit meiner Familie wurde, desto wichtiger wurde der Koran: Das Lesen der Suren und die Auseinandersetzung mit dem Propheten gaben mir Halt. Es lenkte mich ab und gab mir das Gefühl, dass es wenigstens eine Konstante in meinem Leben gab, wenn sonst schon alles um mich herum zu zerfallen schien. Ich nehme an, es ging mir damals so wie vielen Menschen, die in Krisensituationen den Glauben für sich entdecken und Halt darin finden. Und doch gab es einen fundamentalen Unterschied: Andere Menschen, die ihren Glauben entdecken, tun dies meist, um Lösungen für ihre Probleme, Antworten auf ihre Fragen zu finden. Doch so weit war ich damals noch nicht. Ich erwartete keine Antworten, sondern sehnte mich lediglich nach einem Halt, nach etwas, woran ich mich klammern konnte. Das genügte mir fürs Erste.

Nach einer Woche waren für meine Schwester und meine Brüder die Ferien vorbei. Da auch ich wieder in die Schule zurück wollte, rief mein Vater am ersten Schultag den Direktor an und fragte ihn, ob ich wieder in meine alte Klasse zurückkehren könnte.

Doch so einfach war das nicht. Schließlich war es bereits nach Weihnachten und damit der Großteil des ersten Semesters vorüber. Der Direktor schlug vor, mich in die sechste Klasse des Gymnasiums zu schicken, doch da ich durch unseren Umzug nach Österreich und die Wiederholung einer Gymnasiumsklasse ohnehin schon zwei Jahre verloren hatte, kam diese Lösung für mich nicht in Frage.

»Dann geh doch arbeiten«, schlug meine Mutter vor.

Doch das wollte ich ebenso wenig, denn wer garantierte mir, dass ich nicht wieder nach Pakistan geschickt wurde, um Salman zu heiraten und bei ihm zu leben, wenn ich nicht mehr zur Schule ging?

»Vater, du hast mir in Pakistan versprochen, dass ich wieder zur Schule gehen darf. Ich habe alles gemacht, was ihr wolltet, ich habe mich sogar mit Salman verlobt. Bitte lass mich die Schule zu Ende machen.«

Er willigte ein und machte sich auf die Suche nach einer anderen Schule für mich.

Eine Woche später fing ich auf dem Abendgymnasium Spittelwiese in der Linzer Innenstadt an. Der Unterricht fand jeden Tag von sechs bis zehn Uhr abends statt, was meinen Eltern anfangs natürlich überhaupt nicht gefiel, da dies bedeutete, dass ich spät nach Hause kommen würde.

Doch als ich meinen Vater daran erinnerte, dass er immer gewollt hatte, dass ich eine ordentliche Schulbildung bekam, willigte er schließlich ein. Möglicherweise beruhigte meine Eltern auch die Tatsache, dass ich mittlerweile mit Salman verlobt war und dieses Arrangement durchaus ernst zu nehmen schien. Sie waren sich sicher, dass ich mich auf keinen Fall mit irgendeinem anderen Jungen einlassen würde.

Das Abendgymnasium machte mir großen Spaß. Obwohl ich in Pakistan doch etwas aus der Übung gekommen war, kam ich im Unterricht gut mit, die Lehrer waren nett, und auch mit meinen Mitschülern, von denen die Mehrzahl erheblich älter und bereits berufstätig war, verstand ich mich gut.

Ich war froh, endlich wieder in Linz zu sein. Um neuerlichen Ärger mit meinen Eltern zu vermeiden, hatte ich seit meiner Rückkehr mit keinem meiner alten Klassenkollegen Kontakt aufgenommen, doch es war nur eine Frage der Zeit, bis ich zufällig Christian, einem der Jungs aus meiner ehemaligen Clique, vor dem Abendgymnasium in die Arme lief.

»Sabatina! Was machst du denn hier? Und wie siehst du aus?«, rief er, als er mich in meinem *shalwar kameez* auf das Schulgebäude zukommen sah.

»Ich war in Pakistan, aber das ist eine lange Geschichte. Außerdem kann man von dir ja wohl dasselbe behaupten.«

Vor neun Monaten, als ich ihn zum letzten Mal an der Schule gesehen hatte, war Christian ein Skater in weiten T-Shirts, Turnschuhen, einer Baseball-Mütze und einer Hose gewesen, deren Schritt knapp über dem Knie endete. Sein Stoppelhaar hatte jeden Tag in einer anderen Regenbogenfarbe geschillert, und sein Markenzeichen war der Walkman gewesen, aus dem noch aus zehn Metern Entfernung die wummernden Heavy-Metal-Bässe zu hören gewesen waren.

Nun stand Christian in blitzsauberen Jeans, einem ordentlichen Pullover und einer Jacke vor mir, die aussah, als würde sie aus dem Versandkatalog stammen. Seine Haare waren zwar noch immer kurz, doch ordentlich gekämmt, außerdem trug er eine Brille, so dass ich ihn um ein Haar nicht wiedererkannt hätte.

»Du hast dich eindeutig mehr verändert als ich, würde ich sagen«, meinte ich.

»Schon möglich«, erwiderte er. »Es ist eine Menge passiert, seit wir uns das letzte Mal gesehen haben. Ich habe Jesus kennen gelernt und bin Christ geworden.«

Was für ein Spinner!, dachte ich, obwohl ich zugeben musste, dass er nett aussah. Ich musste zum Unterricht, genau wie er. Also verabredeten wir uns für den darauf folgenden Tag in einem Kaffeehaus.

Als ich am nächsten Tag zur vereinbarten Zeit das Segafredo-Café in der Arkade der Linzer Fußgängerzone betrat, war Christian bereits da. Er saß in der hintersten Ecke, und wieder fiel mir auf, wie sehr er sich verändert hatte. Ernst. Brav. Aber trotzdem irgendwie nett.

Obwohl wir uns schon so lange nicht mehr gesehen hatten, unterhielten wir uns vom ersten Augenblick an prächtig. Wir plauderten über die alten Zeiten und die Leute, die mit uns damals zur Schule gegangen waren, ehe er mich nach der »langen Geschichte« fragte. Aber da ich mich noch nicht in der Lage sah, ihm alles über die sechs Monate in Pakistan zu erzählen, wechselte ich eilig das Thema und fragte ihn, wie es gekommen sei, dass er sich so verändert hatte.

Auf dem Gymnasium war Christian eines dieser typischen No-Future-Kids gewesen. Er hatte sorglos in den Tag hineingelebt, ohne eine richtige Ahnung zu haben, was er mit seinem Leben anstellen sollte. Mit sechzehn hatte er schon viel geraucht, regelmäßig Alkohol getrunken, und es hatte nur wenige Drogen gegeben, die er noch nicht kannte. Einige Monate zuvor war er, nachdem er eine abenteuerliche Mischung aus Alkohol und Drogen zu sich genommen hatte, nach Hause gekommen und in eine Art Delirium gefallen. Und da, behauptete Christian, sei ihm Jesus erschienen.

»Das klingt doch völlig idiotisch«, sagte ich und fing an zu lachen.

Doch Christian war nicht zu bremsen. Von dieser Nacht an sei das ständig vorgekommen – egal, ob unter dem Einfluss von Alkohol oder ohne, mit oder ohne Drogen. Und irgendwann habe er schließlich vollends aufgehört zu trinken und angefangen, über sich und das Leben nachzudenken, erzählte er. Irgendwann war Christian zu seinen Nachbarn gegangen, einer Pastorenfamilie, die sich in einer freien Kirche engagierte, und hatte dem Pastor von seinen Visionen erzählt. »Jesus lebt«, hatte der Pastor daraufhin erwidert, »er ist ein lebendiger Gott und spricht immer wieder zu uns.« Zum Abschied hatte er Christian eine Bibel geschenkt. »Und jetzt lese ich jeden Tag darin«, erklärte Christian, »das beruhigt mich.«

Als er geendet hatte, sah ich ihn argwöhnisch an. Diese Geschichte klang zu seltsam und befremdend, um sie glauben zu können. Durch meine intensive Beschäftigung mit dem Koran glaubte ich mich in Religionsfragen einigermaßen gut auszukennen, und selbst wenn das Christentum im Unterricht an der Koranschule nur kurz angeschnitten und als Verwirrung des westlichen Geistes abgetan worden war, erschien mir seine Geschichte mehr als fragwürdig. Ich konnte mir nicht vorstellen, dass es diese Erweckungserlebnisse, wie Christian eines gehabt hatte, tatsächlich gab. Für mich klang all das viel zu sehr nach Scharlatanerie. Warum sollte ein Gott – egal, ob Allah, der Gott der Christen oder Gott der Juden – den Menschen auf der Erde ein Zeichen geben? Ich hatte gelernt, dass man gottesfürchtig leben sollte, um später, nach dem Tod, im Paradies dafür belohnt zu werden. Das Leben ist nur auf das Jenseits ausgerichtet, so hatte ich es vom Mullah gelernt, und so stand es im Koran. Gotteserscheinungen, spirituelle Hinweise, die das Handeln im irdischen Leben beeinflussten, kamen in meinem Glauben nicht vor. Wozu auch?

Doch von dieser irrwitzigen Geschichte einmal abgesehen, war Christian nett, und deshalb traf ich mich von da an fast jeden Tag mit ihm. Wir saßen vor der Schule in einem Kaffeehaus, trafen uns in den Pausen auf dem Gang und gingen manchmal nach der Schule sogar noch auf der Donaulände spazieren – allerdings nur, wenn die letzte Stunde ausgefallen war, denn ich hatte meinen Eltern versprochen, spätestens eine halbe Stunde nach Schulschluss zu Hause zu sein. Und daran hielt ich mich.

Ich mochte Christian, sehr gerne sogar. Er war ein lebensfroher Mensch, nett, gütig und doch bestimmt in seinem Auftreten. Außerdem war er zuvorkommend und hilfsbereit – und damit so ganz anders als die pakistanischen Männer und vor allem Salman, mein Verlobter. Ich genoss die Spaziergänge mit ihm ebenso wie die Augenblicke, wenn wir einfach schweigend an der Donau oder auf dem Linzer Hauptplatz saßen. In diesen Momenten sog ich die Luft tief in meine Lungen, betrachtete die vielen Menschen und hörte das Quietschen der Straßenbahn, wenn sie an der Haltestelle stehen blieb. All das war Freiheit für mich – und so vollkommen anders als Pakistan, wo ich noch vor wenigen Wochen im Haus meiner Verwandten eingesperrt gewesen war.

Damals unterhielten wir uns über alles Mögliche – über die Abendschule, über unsere Eltern und unsere Freunde auf dem Gymnasium –, bis auf zwei Dinge: Christians christliche Erweckungserlebnisse und meine Zeit in Pakistan. Christian wusste zwar, dass ich sechs Monate lang dort gewesen war, hatte aber keine Ahnung, weshalb.

Das mag vielleicht merkwürdig klingen, schließlich war Christian zu dieser Zeit nicht nur mein bester, sondern auch mein einziger Freund, und die Sache mit Salman war mein größtes Problem. Was mich letzten Endes davon abhielt, ihm alles zu erzählen, war meine Angst vor seiner Reaktion. Tief in meinem Inneren war mir wahrscheinlich damals schon bewusst, dass Christian eine Lösung vorschlagen würde, die mir zu diesem Zeitpunkt jedoch noch zu gefährlich erschien und mir Probleme bereiten würde, an die ich nicht einmal zu denken wagte.

Trotzdem versuchte Christian nicht ein einziges Mal konkret, mich zu bekehren. Er akzeptierte meine ablehnende Haltung, und wenn ich ihn darum bat, hörte er sofort auf, von seiner Erweckung zu sprechen. Doch je mehr Zeit ich mit ihm verbrachte, umso intensiver dachte ich über ihn nach. Er hatte sich verändert. Unbestritten sah er anders aus als früher, und ebenso unbestritten war er ein besserer Mensch geworden. Er war rücksichtsvoll und hilfsbereit – Eigenschaften, die der alte Christian ganz bestimmt nicht gehabt hatte. War tatsächlich sein Glaube der Auslöser für all das?

Ohne dass es mir damals bewusst war, begann ich mich immer mehr für das Christentum zu interessieren. Wie ist es möglich, dass eine Religion nicht nur für das Jenseits gedacht ist, sondern auch das Diesseits beeinflusst? Das war die Frage, die mich am allermeisten beschäftigte.

Waren dies bereits die ersten Vorboten eines Glaubenskonflikts? Mit Sicherheit nicht. Ich nahm es zwar mit dem Beten und dem Koranlesen nicht mehr so genau wie in den ersten Tagen in Linz, trotzdem war ich nach wie vor felsenfest davon überzeugt, der Islam sei die einzig richtige Religion. Doch dass mich das Christentum schon damals zu faszinieren begann, will ich gar nicht abstreiten – zumal zu dieser Zeit die Probleme zu Hause wieder einmal größer wurden.

Meine Eltern wollten inzwischen, dass ich für Salman ein Visum besorgte, so dass er mich besuchen kommen konnte. Die Vorstellung, Salman an meinem Leben in Linz teilhaben zu lassen, jagte mir eine Heidenangst ein, deshalb sträubte ich mich gegen diesen Vorschlag. Doch meine Eltern ließen nicht locker. Immer wieder fingen sie damit an, Salman habe angerufen und sich nach mir erkundigt. Und: Er habe ein Recht darauf, mich zu sehen, deshalb müsse ich ein Visum für ihn beantragen. In der Hoffnung, dass sie irgendwann einmal aufgeben würden, spielte ich auf Zeit und ließ mir ständig neue Ausreden einfallen.

Doch genau das Gegenteil war der Fall: Sechs Monate nach meiner Rückkehr begannen die Repressalien meiner Eltern erneut. Sie kontrollierten mich wieder auf Schritt und Tritt und beschimpften mich aufs Übelste, wenn ich auch nur eine halbe Stunde zu spät von der Schule nach Hause kam. Sie glaubten, dass ich mich wieder mit meinen österreichischen Freundinnen von früher traf, denn natürlich hatte ich ihnen nichts von Christian erzählt, da sie mir dann sofort den Kontakt zu ihm verboten hätten.

Ich begann tagsüber im Call Center eines Meinungsforschungsinstituts zu arbeiten. Da die Schule erst um sechs Uhr abends begann, hielten meine Eltern es für eine gute Idee, dass ich nebenbei etwas Geld verdiente. Und mir bot dieser Job eine willkommene Gelegenheit, mich weiterhin mit Christian zu treffen, da meine Eltern nie genau wussten, wie lange ich tatsächlich arbeiten musste.

Trotzdem wurde es immer schlimmer. Wie schon vor einem Jahr beobachtete meine Mutter vom Küchenfenster aus, mit wem ich aus der Straßenbahn stieg, kontrollierte pausenlos meine Kleider und beschwerte sich über meine Haare. Und immer wieder ging es um Salman. Sie drohten mir zwar keine Prügel an, machten mir jedoch unmissverständlich klar, dass ich ihn nach Österreich holen sollte.

»Du bist wieder genauso wie früher«, sagte meine Muter, wenn ich mich dagegen sträubte. Und: »Wenn du ihn nicht bald holst, dann lassen wir ihn kommen – aber dann bist du nicht länger unsere Tochter!«

Natürlich war mir immer klar gewesen, dass dieser Moment irgendwann kommen würde, doch ich war davon ausgegangen, dass sie mich zumindest die Schule beenden lassen würden, bevor sie mit Salman wirklich Ernst machten. Der Druck, den sie auf mich ausübten, wurde immer stärker. Doch wann immer ich sie fragte, weshalb denn alles so rasch gehen musste, bekam ich keine Antwort.

Wie damals in Pakistan griff ich auch in dieser Situation nach meinem Rettungsanker – dem Koran. Schließlich hatten die vielen Gebete und das Lesen der Suren mich in Pakistan zu beruhigen vermocht. Doch im Gegensatz zu damals half es mir jetzt nicht. Es änderte sich nichts, rein gar nichts.

Und eines Nachmittags im Hochsommer kam es, wie es kommen musste. Ich schüttete Christian bei einem unserer Spaziergänge mein Herz aus. Ich ließ nichts aus: Meine Probleme mit meinen Eltern, unsere Reise nach Pakistan, die beiden Koranschulen, meine Verlobung mit Salman und das ständige Drängen meiner Eltern, ihm endlich ein Visum zu besorgen.

»Du musst beten, dann wird dir Gott helfen«, sagte er, als ich geendet hatte.

»Ich bete fünf Mal am Tag, es passiert aber trotzdem nichts«, erwiderte ich.

»Hast du schon mal darüber nachgedacht, ob du nicht vielleicht zum falschen Gott betest?«

Aus heutiger Sicht ist mir klar, dass Christian damals gar nichts anderes sagen *konnte*. Und obwohl ich glaubte, felsenfest in meinem Glauben verankert zu sein, und mit aller Vehemenz widersprach, blieb seine Frage nicht ohne Wirkung.

In den darauf folgenden Wochen und Monaten begann ich mich immer häufiger zu fragen, ob Allah tatsächlich der richtige Gott war.

Es war schlicht und ergreifend unmöglich, dass ich mich so fundamental geirrt hatte; trotzdem kam ich nicht umhin, zuzugeben, dass Christians Gott enorm große Wirkung bei ihm gezeigt hatte.

Obwohl ich mich nach Kräften gegen diesen aufkeimenden Gedanken wehrte, kehrte ich immer wieder zu ihm zurück.

Über Wochen und Monate quälte ich mich mit meinem Problem, und je mehr meine Eltern mich drängten, Salman nach Österreich zu holen, umso unüberwindbarer und unerträglicher wurde mein innerer Konflikt. Ich wollte nicht, dass er nach Österreich kam, gleichzeitig wollte ich aber auch keine neuerliche Auseinandersetzung mit meinen Eltern schüren, sondern einfach in Ruhe mein Leben leben, die Schule beenden und mir irgendwann einen guten Job suchen. Doch diesen Lebensweg würden meine Eltern niemals akzeptieren. Um in Ruhe leben zu können, würde ich sie eines Tages verlassen müssen – ein Gedanke, der mir damals kaum vorstellbar erschien. Verzweifelt suchte ich nach Hilfe, die mir mein Glaube jedoch nicht bieten konnte. Vielleicht lag es auch daran, dass ich mir nun zum ersten Mal Antworten vom

Koran erhoffte – und keine fand. Was auch immer ich las, alles drehte sich stets um die Gottesfürchtigkeit, die man auf Erden zeigen sollte, um dann im Jenseits belohnt zu werden. Doch in diesem Augenblicke wollte und konnte ich nicht ans Jenseits denken, schließlich spielte sich mein Problem – die Unmöglichkeit, Salman jemals zu heiraten – nicht im Jenseits ab, sondern in der Gegenwart, im Hier und Jetzt.

Wie schon in der Vergangenheit gab es auch nun niemanden, mit dem ich reden, dem ich mich anvertrauen konnte. Meine Eltern? Vollkommen ausgeschlossen! Meine kleine Schwester? Sie, die mir früher wenigstens Trost gespendet hatte, war mittlerweile so anders, so *brav*, geworden, dass sie mich ganz bestimmt nicht würde verstehen können. Und Christian? Mit ihm konnte ich ebenso wenig darüber reden, da sein Glaube an das Christentum mich nur noch mehr verunsichern würde. Ich drehte mich im Kreis, ich wusste nicht mehr weiter.

Es war kurz vor Weihnachten, als mir Christian eine Bibel schenkte. Und in meiner Verzweiflung nahm ich sie an.

Ich müsste lügen, wenn ich behaupten würde, dass ich wie vom Donner gerührt gewesen war, als ich die ersten Passagen las. Ich hatte kein Erweckungserlebnis, so wie es Christian in jener Nacht passiert war, und als ich zum ersten Mal die Bibel aufschlug und ein paar Seiten aus dem Matthäus-Evangelium las, sprang ich auch nicht vom Stuhl auf und rief »Jesus liebt dich!«. Nein, es kam nicht zu dieser schlagartigen Bekehrung der Heidin, die im

Fernsehen und in Büchern so häufig beschrieben wird. Und dennoch regte sich etwas in mir. Zuerst arbeitete ich mich quer durchs Neue Testament, beschäftigte mich einige Zeit mit den Kapiteln des Matthäusevangeliums, blätterte dann im Lukasevangelium und gelangte schließlich zu den Korintherbriefen. Staunend las ich von der Güte und der Liebe, die diesem Jesus zugeschrieben wurde. Und wie sehr sich diese Bibel vom Koran unterschied, der an zahlreichen Stellen doch recht martialisch ist.
In der Koranschule war mir das damals nicht aufgefallen, doch nun, da ich eine Vergleichsmöglichkeit in Händen hielt, war die Härte der Lehre Mohammeds doch sehr auffallend. Darüber hinaus empfand ich es als äußerst wohltuend, dass es in der Bibel keine Vorschriften gab, nach denen die Frau die Dienerin des Mannes war. Mehr noch: Das überzeugte mich.

Wollte ich damals schon Christin werden? Nein. Ich war nach wie vor vom Islam überzeugt, fand es jedoch hochinteressant, in der Bibel zu lesen. Interessant und angenehm. Fast jeden Abend las ich darin – ein nicht ganz ungefährliches Unterfangen angesichts dessen, was meine Eltern mit mir anstellen würden, wenn sie mich dabei erwischten.

Ich betrachtete die Bibel nicht als Handbuch zur Lebenshilfe und erwartete mir deshalb auch keine Lösungen für meine Probleme, trotzdem tat es gut, die Beschreibungen dieser Vision einer gerechten Welt zu lesen, einer Welt, die keine Unterschiede zwischen Gläubigen und Nichtgläubigen, zwischen Christen und Arabern und zwischen Mann und Frau machte – nicht einmal zwischen den Zeilen.

Ich erzählte keiner Menschenseele von meiner nächtlichen Bibellektüre, nicht einmal Christian, als er sich erkundigte, ob ich denn Gefallen an meinem Weihnachtsgeschenk hätte. Ob ich damals zu stolz war oder einfach nur Angst hatte, dass er die richtigen Schlüsse daraus ziehen würde, kann ich nicht sagen. Ich weiß nur, dass für mich damals der richtige Zeitpunkt einfach noch nicht gekommen war.

Anfang 2001 spitzte sich die Lage zu Hause immer mehr zu. Es verging kaum ein Tag, an dem meine Eltern nicht wegen Salman und seines Visums Druck machten. Sie wollten einfach nicht verstehen, dass ich ihn nicht in Österreich haben wollte. In der Zwischenzeit hatte ich aufgehört, im Call Center zu arbeiten, und half stattdessen am Wochenende in einem Kaffeehaus aus. Ich trug wieder westliche Kleidung, begann mich mit Freundinnen aus der Abendschule zu treffen und schminkte mich wieder – ein deutliches Zeichen für meine Eltern, dass ich mich ihren Wertvorstellungen erneut widersetzte. Mit einem Unterschied: Dies war nicht mehr die Revolte eines pubertierenden Teenagers, sondern *mein* Leben, ein Leben, das ich als selbstbewusste, moderne westliche Frau leben wollte. In dieser Zeit schickte ich sogar Fotos von mir an eine Model-Agentur, und als meine Mutter Abzüge der Fotos fand, begann sie zu toben und beschimpfte sich mich lautstark als Hure.

Wenn ich auch nur fünf Minuten zu spät aus der

Abendschule nach Hause kam und meine Mutter sah, dass ich Make-up trug, herrschte sie mich an. »Mit wem hast du gelegen?«, wollte sie wissen; das war ihre Umschreibung für Sex. Unnötig zu erwähnen, dass ich zu diesem Zeitpunkt noch nie mit einem Mann geschlafen hatte ...

Es war genauso wie vor einem Jahr, nur dass sie mich inzwischen nicht mehr schlug. Doch diese Vorwürfe und Erniedrigungen schmerzten noch viel mehr als Schläge.

Mittlerweile war ich bereits achtzehn Jahre alt und ging immer noch zur Schule. Mehr als zwei Jahre würde es noch dauern, bis ich meinen Abschluss hatte. Ich konnte mir beim besten Willen nicht vorstellen, wie ich es anstellen sollte, den permanenten Streit und die Demütigungen meiner Eltern zu ertragen. Doch ich wusste keinen Ausweg.

Mittlerweile las ich fast jede Nacht in der Bibel und stellte fest, dass dieser Glaube immer größeren Eindruck auf mich machte. Für mein Empfinden strahlte er eine so große Ruhe und Güte aus – ganz anders als der Islam.

Trotzdem verbot ich mir weiter jeden Zweifel an meinem eigenen Glauben, auch wenn mir längst klar ist, dass es in dieser Phase meines Lebens ohnedies kein Zurück mehr gab. Je mehr ich mich mit der Bibel beschäftigte, umso absurder erschien mir der Koran. Im Koran kreiste alles um Kampf und um die Macht des Glaubens, ganz offen wurde die Unterdrückung der Frau legitimiert, und selbst die Gewalt, das Töten Andersgläubiger, wurde nicht verurteilt.

Im Vergleich dazu war die Bibel um so vieles wärmer, freundlicher, liebevoller – zu allen Menschen, auch zu den Frauen. Und rückblickend betrachtet, spendete mir die Bibel sogar in dieser schwierigen Phase meines Lebens Trost – etwas, was dem Koran niemals gelungen war.

Wieder und wieder ertappte ich mich dabei, dass ich dem Islam die Schuld an meiner Situation gab. Wären meine Eltern Christen, dann würde ich nicht in dieser ausweglosen Situation stecken. Wären meine Eltern nicht so überzeugte Muslime, würden sie niemals von mir erwarten, dass ich Salman heiratete. Sie hätten mich nie im Leben in eine Koranschule gesteckt und mich bei meiner Tante zurückgelassen. Und sie hätten nie versucht, mich dazu zu zwingen, nach ihren antiquierten Wertvorstellungen zu leben. Der Islam grenzt die Menschen aus, Jesus hingegen kümmert sich um sie. Zumindest stand es so in der Bibel – und das überzeugte mich.

In dieser Zeit begann ich, Bücher über Frauen zu lesen, die vom Islam zum Christentum konvertiert waren. »Der Schleier zerriss« zum Beispiel, der Erlebnisbericht einer jungen Frau, die im Zuge einer schweren Krankheit zum Christentum wechselte. Es tat gut, von Menschen zu lesen, die ähnliche Probleme hatten wie ich und eine Lösung gefunden hatten.

Trotzdem war es nicht so, dass mir das Christentum nur gefiel, weil es mir einen Ausweg aus meiner verfahrenen Situation zeigte. Im Lauf der Zeit wuchs meine Begeisterung für Jesus – vor allem wenn ich mir Christians Entwicklung vor Augen hielt. Sein Glaube hatte diese grundlegende Änderung ausgelöst, und auch wenn meine

Eltern, Verwandten und viele Muslime das niemals verstehen werden: Allmählich näherte auch ich mich diesem Glauben.

Ich begann an Gott, an Jesus und an das Gute im Menschen zu glauben.

Heute kann ich nicht mehr genau sagen, wie lange es dauerte. Ich weiß nur eines: Ich wurde Christin. Es passierte nicht mit einem Paukenschlag, es gab keinen Fingerzeig und keine Schlüsselerlebnisse wie bei meinem Freund Christian. Doch es passierte. In einem schleichenden Prozess. Irgendwann in diesen Nächten, als ich im Bett neben meiner jüngeren Schwester heimlich in der Bibel las, kehrte ich Allah und seinem Propheten Mohammed den Rücken. Ich glaubte nicht mehr an sie, weder an den Koran noch an die Überlegenheit des Islam. So sonderbar es scheinen mag, doch der Einfluss, den meine Eltern, mein Großvater und die Mullahs in den Koranschulen über Jahre auf mich genommen hatten, war innerhalb weniger Wochen praktisch wirkungslos geworden. Ein paar Wochen heimlicher Lektüre und das Beispiel eines Freundes, der sich sehr massiv verändert hatte, waren ausreichend gewesen. Irgendwann wurde ich mir dessen zur Gänze bewusst, ohne dass ich mich genau erinnern kann, was diese Überzeugung konkret ausgelöst hatte: Für mich, für mein Leben hatte die Bibel mehr Aussagekraft.

Auch wenn ich nicht an alles glaube, was in einem Buch steht, dessen Inhalte nicht ganz zweitausend Jahre alt sind, auch wenn ich meine Zweifel an manchen Vorkommnissen habe, die in der Bibel beschrieben sind, auch wenn ich mir manches nicht vorstellen kann und mir klar ist, dass unter dem Deckmantel des Christentums in den vergangenen Jahrhunderten viele Dinge passiert sind, die niemals hätten passieren dürfen: Es geht um die Idee, die dahinter steckt. Die Vision von einem liebevollen, menschlichen Zusammenleben auf dieser Erde. Die Vision, dass es mehr geben muss als das, was wir tagaus, tagein in unserem Leben machen. Die Vorstellung, dass es nach dem Tod nicht zu Ende ist, sondern weitergeht. Dass es so etwas gibt wie eine Erlösung; eine Auferstehung, nachdem man auf der Erde bestattet wurde; vielleicht sogar ein Paradies, in dem alle Menschen gleich sind und in dem niemand mit hundert Jungfrauen belohnt wird, weil er sich im Namen seines Glaubens mit einem Sprengstoffgürtel in die Luft gejagt hatte.

Damals dachte ich nicht in diesen Dimensionen, und ich bin auch heute kein sehr politischer Mensch. Ich möchte niemanden bekehren, niemanden zu überzeugen versuchen, vom Islam oder von irgendeiner anderen Weltreligion zum Christentum zu konvertieren. Ich bin kein Eiferer, kein Missionar, und ich habe so wie viele Christen in Österreich meine Probleme mit manchen Dingen, die die Amtskirche von ihren Mitgliedern verlangt. Mir geht es nur um die Idee, die hinter alldem steht. Und ich weiß, dass mich das Christentum überzeugt hat und dass ich, seit ich mir das eingestanden habe, ein glücklicherer Mensch bin. Es hat lange gedauert, bis ich es selbst begriffen hatte. Doch in dem Moment, als es geschah, war ich glücklich. Ich fühlte mich geborgen, verstanden, und es fiel mir mit einem Mal leichter, meine Situation zu ertragen.

Doch schon damals machte ich mir keinerlei Illusionen darüber, dass meine Probleme durch den Wechsel zum Christentum noch größer werden würden. In den Büchern, die ich gelesen hatte, beschrieben die Autorinnen die Verfolgungen, denen sie nach ihrer Konvertierung durch ihre Verwandten ausgesetzt waren. Und wie würden erst meine Eltern reagieren, wenn ich ihnen sagte, dass ich nicht nur Salman nicht heiraten würde, sondern darüber hinaus Christin geworden war? Sie würden mich beschimpfen, mich schlagen und mich noch mehr unterdrücken als zuvor.

Kurz nachdem ich mir selbst darüber klar geworden war, dass es kein Zurück mehr gab, erzählte ich meinem Freund Christian davon. Er freute sich mit mir, beschwor mich aber gleichzeitig, meinen Eltern unter keinen Umständen davon zu erzählen. Er hatte Angst um mich, und dies – wie sich herausstellen sollte – durchaus zu Recht.

Andererseits war ich mittlerweile im Versteckspielen geübt, und da ich die Kommunikation mit meinen Eltern in dieser Zeit ohnehin auf ein Minimum reduziert hatte, fiel ihnen meine neuerliche Veränderung im Grunde nicht auf. Sie bemerkten zwar, dass ich nicht mehr fünf Mal am Tag betete und auch nicht mehr im Koran las, taten es wahrscheinlich aber als neuerlichen Protest gegen ihre Autorität ab.

Es hätte noch monatelang so weitergehen können, wäre da nicht die Sache mit Salman gewesen. Nach wie vor drangsalierten mich meine Eltern, ihn nach Österreich zu holen, doch angesichts meines Glaubenswechsels konnte ich mir weniger als je zuvor vorstellen, ihn in meiner Nähe zu haben.

Ich weigerte mich weiter.

Meine neue Religion hatte mir ein neues Selbstbewusstsein gegeben, denn mittlerweile wusste ich, dass ich nicht allein wäre, selbst wenn es mit meinen Eltern zum Eklat kommen würde. Dieser Gedanke gab mir Kraft. Und so ist es auch nicht weiter verwunderlich, dass diese Auseinandersetzung nicht lange auf sich warten ließ.

Es war an einem warmen Frühlingstag im April 2001. Ich hatte mich mit Christian in einem Kaffeehaus in der Linzer Landstraße getroffen, und Christian hatte erzählt, er wolle nach Italien auf Urlaub fahren, worum ich ihn glühend beneidete. Er war so alt wie ich und schon mehrmals ohne seine Eltern ins Ausland gereist. Kurz vor Mittag trennten wir uns. Christian wollte noch ein paar Einkäufe erledigen, und ich musste nach Hause, um meine Aufgaben für die Schule zu erledigen. Wir verabredeten uns für denselben Nachmittag im gleichen Kaffeehaus, wo wir weiterplaudern wollten, bis die Schule anfing.

Als ich nach Hause kam, stellte mich meine Mutter auf dem Flur.

Ich sehe sie noch vor mir, als wäre es erst gestern gewesen: Sie trug ein rotes *shalwar kameez,* und ihre Haare waren nicht frisiert, weil sie an diesem Tag noch nicht außer Haus gegangen war. Aus der Küche schlug mir der Geruch des Hähnchens in Curry-Sauce vom Vorabend in die Nase, das sich meine Mutter gerade warm gemacht hatte. Meine Geschwister waren noch in der Schule, und mein Vater war mit seinem Taxi unterwegs.

Sie schaute mich an, und ihre Augen sprühten vor Zorn. Im ersten Augenblick dachte ich, sie würde zu einer neuerlichen Tirade wegen Salman anheben. Vielleicht hatte Salmans Mutter wieder angerufen, um zu fragen, wie es mit dem Visum stand.

Doch der Grund war noch nichtiger. »Wie siehst du schon wieder aus?«, herrschte sie mich an.

Also ging es wieder einmal um mein Äußeres. Ich trug Jeans und ein vollkommen unspektakuläres hellblaues T-Shirt, lang und weit geschnitten. Warum regte sie sich auf?

»Wie oft soll ich dir noch sagen, dass du nicht so herumlaufen sollst! Zieh dich anständig an. Hast du alles vergessen, was du in Pakistan gelernt hast?«

Noch heute wundere ich mich manchmal, aus welchem absurden Grund es zum großen Knall kam. Wegen eines T-Shirts! Wäre ein Bikini der Auslöser gewesen, meine Treffen mit Christian, von denen sie damals ja nichts ahnte, oder Salman – ich hätte es verstanden. Aber wegen eines T-Shirts?! Aber wahrscheinlich hatte sich einfach über die Jahre so viel Wut in mir angestaut, vielleicht war es auch nur, weil ich wusste, dass es irgendwann einmal so weit kommen musste – jedenfalls beschloss ich, dem Versteckspiel ein Ende zu setzen.

»Ich lasse mir von niemandem sagen, was ich tun soll!«, schrie ich zurück.

»Was soll das?« Ihre Stimme klang wie damals in Pakistan, als ich mich geweigert hatte, Salman zu heiraten: schrill, ohrenbetäubend laut und hasserfüllt.

»Ich halte mich nicht mehr an deine Vorschriften! Ich ziehe mich keinen Tag länger so an, wie du es willst! Ich verstelle mich nicht mehr. Ich werde nicht so leben, wie ihr das wollt. Und ich werde Salman niemals heiraten.«

Ich war entsetzt über meine eigenen Worte. Wie konnte ich nur so etwas tun? Mir war klar, was das zu bedeuten hatte, und der Blick meiner Mutter verriet mir, dass auch sie es wusste. Das war das Ende – der endgültige Bruch.

»Sag das noch mal!«

»Du hast mich ganz genau verstanden. Ich werde ihn nicht heiraten!«

Wir starrten einander an. Es war gespenstisch ruhig, nur aus dem Wohnzimmer hörte ich die Geräusche des Fernsehers. Ihre Wangen glühten vor Zorn, und ihre Augenlider zuckten. Ich war darauf gefasst, dass sie jeden Moment ausholen und mich schlagen würde. Doch sie tat es nicht.

Stattdessen ging sie in mein Zimmer, riss den Schrank auf und zerrte alles heraus, was darin war. Dann kam sie zurück, öffnete die Haustür und schleuderte alles, was sie in Händen hielt, wortlos ins Stiegenhaus. Schließlich packte sie eine leere Einkaufstüte, die im Flur lag, und warf sie hinterher.

»Scher dich zum Teufel, du bist nicht mehr unsere Tochter! Ich will dich nie mehr sehen!« Mit diesen Worten schob sie mich hinaus auf den Flur und schlug mir die Tür vor der Nase zu.

Ich bemerkte, wie meine Knie zu zittern begannen. Es

war endgültig, so viel wusste ich. Wie erstarrt stand ich da. Keine einzige Träne. Es war aus. Vorbei. Es wäre nie wieder so wie früher.

Und das Absurde war: Ich war erleichtert. Ich hatte zwar keine Ahnung, wie es nun weitergehen sollte, und doch fühlte ich mich gut. Zumindest besser als vor einem Jahr, als ich nach einem ähnlichen Streit zu Celestine geflohen war.

Ich stopfte meine Sachen in die Einkaufstüte und verließ das Haus. Für immer.

Kapitel VII

An diesem Tag stand es fest: Es war endgültig vorbei, dieser Streit mit meiner Mutter hatte den Bruch mit meiner Familie besiegelt. Wie nichtig der Auslöser auch gewesen sein mochte – ich würde nie wieder nach Hause zurückkommen, wir würden nie wieder gemeinsam leben, weil wir uns nie wieder verstehen würden. Doch wie gesagt, ich fühlte mich regelrecht *befreit*. Die Endgültigkeit meiner Entscheidung nahm mir eine Last von den Schultern, die ich die vergangenen Jahre tagtäglich mit mir herumgetragen hatte. Endlich würde ich so leben können, wie ich es wollte. Jetzt würde endlich alles gut werden.

Nach dem Streit mit meiner Mutter fuhr ich auf direktem Weg zur Schule meiner Geschwister, um mich von ihnen zu verabschieden, vor allen Dingen von meiner kleinen Schwester Aisha. Als sie die Einkaufstüte sah, wusste sie sofort, was passiert war. »Was ist jetzt schon wieder los?« Sie klang nicht einmal aufgeregt, sondern genervt. »Worüber habt ihr diesmal gestritten?«

»Über meine Kleidung«, erwiderte ich, »aber jetzt ist endgültig Schluss. Ich ziehe aus.«

Ich sah Aisha deutlich an, dass sie mir kein Wort glaubte. »Ich muss zurück in den Unterricht, lass uns heute Abend reden«, sagte sie noch, bevor sie aus der Bibliothek verschwand.

Es hatte keinen Sinn. Wenn mich schon meine Schwester nicht verstand, dann brauchte ich bei meinen Brüdern gar nicht erst auf Verständnis zu hoffen.

Ich stand vor dem Nichts. Alles, was ich besaß, war die Einkaufstüte mit meiner Kleidung, die ich in der Hand hielt. Ich hatte kein Geld, keine Wohnung und wusste noch nicht einmal, wo ich in dieser Nacht schlafen sollte. Außer Christian, bei dem ich ganz bestimmt nicht würde übernachten können, hatte ich keine Freunde. Also blieb mir nur die Notschlafstelle, wo ich zwei Jahre zuvor schon einmal Zuflucht gefunden hatte. Doch auch das erschien mir als keine gute Alternative, denn schon damals hatten mir die Sozialarbeiter in Wahrheit nicht helfen können. Nach zwei Wochen hatten sie mich wieder nach Hause geschickt. Und damit nicht genug, denn sie hatten mir zugeraten, mit meinen Eltern nach Pakistan zu gehen, da ich ihrer Meinung nach dort absolut nichts zu befürchten hatte. Im Gegenteil. Sie hatten es sogar für eine ideale Möglichkeit gehalten, meine Eltern erkennen zu lassen, dass ich nicht mehr in ihre pakistanische Welt passte.

Doch mir blieb keine andere Wahl. Als ich dort ankam, stellte sich heraus, dass meine beiden Betreuer von damals Dienst hatten. Als ich ihnen erzählte, was seit unserer letzten Begegnung geschehen war, beschlossen sie sofort, mich wieder aufzunehmen. Ich bekam wieder ein kleines Zimmer unter dem Dach zugewiesen, in dem zwei schmale Betten, ein Schrank sowie ein alter Schreibtisch mit einem Stuhl und einer Leselampe standen. Ich teilte mir das Zimmer mit der 14-jährigen Karin, die seit Jahren von ihrem Vater missbraucht wurde und vor ein paar Tagen endlich den Mut aufgebracht hatte davonzulaufen. Karin war ein zierliches, sehr verschlossenes Mädchen, trotzdem verstanden wir uns gut.

Am nächsten Tag rief ein Sozialarbeiter meine Eltern

an, um ihnen mitzuteilen, dass ich wieder in der Notschlafstelle lebte und dass in der darauf folgenden Woche ein Familiengespräch angesetzt sei.

Es war sonderbar, meine Eltern wiederzusehen. Als sie mich zwei Jahre zuvor in der Notschlafstelle besucht hatten, war ich in einem enormen emotionalen Zwiespalt gewesen. Zwar hatte ich damals große Angst vor ihnen gehabt, vor allem vor meiner Mutter, doch zugleich war mir klar gewesen, dass sie immerhin meine Eltern waren. Ich liebte sie und hatte mich trotz allem nach jener Geborgenheit gesehnt, die einem nur eine Familie bieten kann. Das war wohl auch der Grund, weswegen ich damals wieder nach Hause zurückgegangen war. Doch dieses Mal war es grundlegend anders. Als wir uns im Besprechungszimmer der Notschlafstelle trafen, stellte ich fest, dass ich nichts mehr für sie empfand. Ich hasste sie nicht, sehnte mich aber auch nicht mehr nach ihnen. In diesem knapp halbstündigen Gespräch fühlte ich mich so stark, so bestimmt wie noch nie zuvor in meinem Leben. Hatte mir mein Glaube diese Kraft verliehen? Die Gewissheit, dass mich Gott und Jesus beschützen würden? Oder lag es nur daran, dass ich zwei Jahre älter war und inzwischen mehr Selbstsicherheit besaß? Wahrscheinlich war es eine Mischung aus allem.

Damals wollte ich noch nicht, dass meine Eltern von meiner Beziehung zu Gott erfuhren und dass ich tief in meinem Inneren bereits Christin geworden war. Ich konnte mir ausmalen, wie sie darauf reagieren würden, und nach allem, was ich über den Umgang des Islam mit

Konvertiten wusste, wollte ich sie nicht provozieren. Doch ich glaube, dass auch sie mein neu gewonnenes Selbstbewusstsein bemerkten. Sie versuchten nur ein einziges Mal, mich umzustimmen, gaben jedoch sofort auf, als sie die Entschlossenheit in meiner Stimme hörten, und gingen unverrichteter Dinge wieder nach Hause.

Nach zwei Wochen in der Notschlafstelle schlugen die Betreuer vor, eine eigene Wohnung für mich zu suchen, und kurz darauf bezog ich ein einfaches, möbliertes Apartment in der Nähe des Linzer Hessenplatzes. Die zwanzig Quadratmeter boten gerade genug Platz für ein schmales Bett, einen Tisch mit zwei Sesseln, einen Kleiderschrank und ein schmales Bücherregal. In die Wohnung integriert war eine kleine Küchenzeile, während sich die Toiletten und Dusche auf dem Gang befanden – für viele andere bestimmt nicht gerade eine Traumwohnung, für mich aber das reinste Paradies. Endlich ein Platz, der nur mir gehörte, und wo ich so leben konnte, wie ich es mir vorstellte.

Zunächst lief alles ganz gut. Ich ging weiter zur Schule, arbeitete im Kaffeehaus, traf mich regelmäßig mit Christian und fing an, manchmal nach der Abendschule mit meinen Schulfreundinnen auszugehen. Es war so, wie ich es mir immer erträumt hatte: Endlich konnte ich so österreichisch sein, wie ich mich fühlte, ohne dass irgendjemand Anstoß daran nahm. Langsam gewann ich neue Freunde, die mich so akzeptierten, wie ich war. Und mehr noch: Fast einen Monat lang hörte ich nichts von meinen

Eltern. Sie schienen mich in Ruhe zu lassen. Auch heute noch, fast zwei Jahre später, erinnere ich mich noch gern an diese Zeit: Ich hatte zwar kaum Geld, doch die Freiheit, die ich damals genoss, war durch kein Geld der Welt aufzuwiegen. Ich war achtzehn Jahre alt und erlebte meinen ersten Frühsommer in Freiheit. Wenn ich heute in meinem Unterschlupf sitze, denke ich oft daran. Ich habe keine besonders außergewöhnlichen Erwartungen an mein Leben – nur die, dass wieder alles so wird wie damals. Doch im Augenblick scheint genau das unmöglich zu sein.

Knapp sechs Wochen sollte diese Freiheit dauern, in denen ich nicht nur mein neues Leben genoss, sondern auch in meinem Glauben gefestigt wurde. Ich las oft in der Bibel, lernte andere Christen kennen und freundete mich mit ihnen an. Sie halfen mir, wenn ich etwas nicht verstand, und nahmen mich sonntags zu den Gottesdiensten mit.

Eines Tages meldeten sich meine Eltern wieder. Über die Besitzerin des Kaffeehauses, in dem ich mehrmals die Woche arbeitete, hatten sie meine Nummer herausgefunden. Im ersten Augenblick freute ich mich sogar, von ihnen zu hören. Vor allem mein Vater war nett. Er beschwor mich zwar, wieder nach Hause zu kommen, bedrängte mich aber nicht weiter, als ich seinen Vorschlag ablehnte.

Wenige Tage später rief er wieder an und verkündete, er werde mich noch am selben Tag in meiner neuen Bleibe besuchen. Im ersten Augenblick bekam ich einen riesigen Schreck. Was hatte er vor?

Doch als er am frühen Nachmittag kam, machte er

einen durchaus freundlichen und friedfertigen Eindruck. Er wollte, dass ich zurück nach Hause kam. Damit hatte ich gerechnet. Doch im Gegensatz zu unseren Telefonaten ließ er sich nun, da er mir persönlich gegenübersaß, nicht mehr ganz so schnell abwimmeln. »Du musst nach Hause kommen, sonst verlieren wir unsere Ehre«, beharrte er.

»Das kann ich nicht, Vater.«

»Weißt du immer noch nicht, was sich gehört?« Ich sah, dass er langsam die Geduld verlor, doch ich hatte keine Angst vor ihm. Und in diesem Augenblick beschloss ich, es ihm zu sagen.

»Doch, ich weiß, was sich gehört. Und Gott sagt, es gehört sich nicht, als Frau in Unterdrückung zu leben. Es gehört sich nicht, einen Mann zu heiraten, den ich nicht liebe!«

»Welcher Gott, Sabatina, von welchem Gott redest du da?«

Ich nahm all meinen Mut zusammen. »Ich glaube nicht mehr an denselben Gott wie du, Vater. Ich glaube an Jesus Christus, aus tiefstem Herzen.« Wutschnaubend sprang er auf und stürzte einfach aus der Wohnung, ohne mich noch einmal anzusehen.

Ich hatte es getan! Ich hatte meiner Familie gesagt, dass ich Christin geworden war.

Gleich darauf rief ich meinen Freund Christian an, der noch am selben Tag in meine Wohnung kam. Er war ähnlich zwiespältig, was diese neue Situation betraf. Einerseits freute er sich darüber, dass ich meiner Familie die Wahrheit gesagt hatte, andererseits machte er sich große Sorgen – um meine Zukunft, vor allem aber um meine Sicherheit. Denn auch er wusste ganz genau, was der Koran und die Scharia, das islamische Rechtssystem, für Konvertiten wie mich vorsahen. In Pakistan werden Menschen, die dem Islam den Rücken kehren, schlicht und ergreifend ermordet.

In sämtlichen Büchern, die ich über Frauen gelesen hatte, die vom Islam zum Christentum wechselten, war die entsetzliche Angst dokumentiert gewesen. Und in diesem Augenblick konnte ich sehr gut nachempfinden, was in ihnen vorgegangen sein muss. Denn wie ich nur allzu gut aus eigener Erfahrung wusste, waren die Vorschriften des Korans und die Ehre der Familie von enormer Bedeutung für meine Eltern. Gleichzeitig konnte ich mir nicht vorstellen, dass sie mir tatsächlich etwas antun würden – immerhin waren sie meine Eltern.

»Sie werden mir schon nichts tun, ich bin doch ihre Tochter«, versuchte ich Christian zu beruhigen, doch er ließ nicht locker. »Oh, doch. Du musst vorsichtig sein, Sabatina.«

Christian sollte Recht behalten. Denn nur wenige Stunden nachdem mein Vater die Wohnung verlassen hatte, begann eine Tortur, die alles in den Schatten stellte, was ich bis zu diesem Zeitpunkt erlebt hatte – und die bis heute anhält. Als Erste rief meine Mutter an, in deren Augen ich dieselbe Hure war wie all die anderen österreichischen Mädchen und die keinen Zweifel daran ließ, wie abgrundtief sie mich hasste. Kurz darauf meldete sich mein Vater, der mich ebenfalls als »Schlampe«, »Miststück« und »Hure« bezeichnete.

Doch meine Eltern hatten mir schon viel zu häufig die wüstesten Schimpfworte an den Kopf geworfen, als dass ich wegen zweier Telefonate die Nerven verloren hätte.

In den nächsten Tagen wiederholten sich die Anrufe zwar, doch ich ließ mich davon nicht beirren. Ich ging weiterhin zur Schule, arbeitete und traf mich mit Christian. Bei ihm fühlte ich mich geborgen; es tat so gut, endlich jemandem zum Reden zu haben. Er machte sich große Sorgen und besuchte mich fast jeden Tag. Dabei wäre das eigentlich gar nicht notwendig gewesen, denn trotz der Anrufe meiner Eltern fühlte ich mich einigermaßen sicher. Mir war bewusst, dass sie meinen Glaubenswechsel alles andere als guthießen, trotzdem dachte ich nicht im Traum daran, dass sie mir etwas antun könnten, abgesehen von einer Tracht Prügel vielleicht. Schließlich war ich doch ihre Tochter und glaubte damals noch, die familiäre Bindung sei stärker als die Verpflichtungen des Glaubens.

Doch abgesehen davon, hätte Christian mich ohnehin nicht ernsthaft beschützen können, da er ein eher schmächtiger Kerl war und im Notfall gegen meinen Vater wenig hätte ausrichten können. Trotzdem freute ich mich, dass er bei mir war, und wir beteten oft gemeinsam, was mir ein wenig Trost spendete.

Damals fühlte ich mich noch nicht ernsthaft bedroht – obwohl meine Familie mehrmals täglich anrief, mich beschimpfte und verlangte, dass ich auf der Stelle nach Hause kam. Diese Anrufe wurden in den nächsten Tagen fast so etwas wie Routine. Praktisch jeden Tag zwischen sieben und acht Uhr, bevor mein Vater das Haus verließ, und abends zwischen sechs und zehn Uhr, wenn alle zu Hause waren, klingelte das Telefon. Doch da ich die Nummer auf dem Display meines Handys erkannte, nahm ich häufig einfach nicht ab. Dann versuchten sie es so lange, bis ich schließlich entnervt aufgab, und beschimpften mich weiter. Manchmal kam mein Vater auch zu meiner Wohnung, postierte sich vor der Tür, hämmerte dagegen und schrie. Wenn ich nicht aufmachte, was ich nie tat, verschwand er nach einiger Zeit wieder. Es war eine Belastung, ja, aber keineswegs so, dass ich es nicht hätte ertragen können. Also unternahm ich nichts.

Das machte meinen Vater offenbar noch wütender. Immer häufiger rief er mich an und stand mittlerweile beinahe jeden Tag vor meiner Wohnungstür – was wiederum zu Problemen mit meinen Nachbarn führte, die sich völlig zu Recht über dieses ständige Geschrei auf dem Gang beschwerten.

Eines Tages tauchte er sogar in dem Kaffeehaus auf, in dem ich arbeitete, und tobte und zeterte so lange im Gastraum, bis ich zur Toilette floh und mich einsperrte. Nur mit viel Mühe konnte ihn meine Chefin überreden, das Lokal zu verlassen. Doch diese Szene blieb nicht ohne Folgen, denn daraufhin verlor ich meine Stelle.

Damit saß ich in der Klemme: In der kurzen Zeit im Kaffeehaus hatte ich nicht genug verdient, um große Rücklagen zu haben. Ich brauchte dringend Geld oder, noch besser, einen neuen Job. Aber was, wenn mein Vater beim nächsten Arbeitgeber wieder Radau schlug?

Nein, ich musste mit ihnen reden. Es ging nicht anders. Ich rief meinen Vater an, und wir verabredeten, uns in der Wohnung meiner Eltern zu treffen. Ich beschloss, zur Sicherheit einen alten pakistanischen Freund meiner Familie mitzunehmen, der schon früher auf meiner Seite gestanden hatte.

Später bin ich oft gefragt worden, weshalb ich damals noch immer den Kontakt zu meiner Familie aufrechterhalten habe. In Westeuropa mag es nichts Besonderes sein, wenn man sich mit achtzehn oder neunzehn Jahren so dramatisch mit der Familie zerstreitet. In Pakistan und in der islamischen Welt hingegen ist das vollkommen anders. So pathetisch es klingt, aber dort ist die Familie tatsächlich die Keimzelle des Gesellschaftssystems, was schon jedes Kind deutlich zu spüren bekommt. Pakistanische Kinder verbringen den Großteil ihrer Zeit im Familienverband. Ein weiterer Faktor sind die häufig sehr beengten Lebensverhältnisse. Hat man achtzehn Jahre lang nicht nur im selben Haus gelebt, sondern auch noch im selben Zimmer geschlafen, entstehen eine Nähe und Verbundenheit, die sich nicht mit westlichen Maßstäben messen lassen.

Und auch ich stellte keine Ausnahme dar, was das betraf. Trotz allem, was mir meine Mutter und mein Vater angetan hatten, waren sie nach wie vor wichtig für mich. Nach außen hin ließ ich mir zwar nichts anmerken, doch ihre Drohungen verletzten mich zutiefst. Ob ich nun Christin war oder nicht, ich fühlte mich nach wie vor als ihre Tochter, und wenn sie mich verstießen, könnte ich nicht einfach alles hinter mir lassen und mein Leben weiterleben. Irgendetwas hätte mir gefehlt. Und das tut es auch heute noch: Diese Nähe, dieses Zugehörigkeitsgefühl ist etwas, was die pakistanische Gesellschaft am Leben erhält, und es fällt mir sehr schwer zu akzeptieren, nicht mehr Teil dessen zu sein. Auch heute noch bin ich oft versucht, den Kontakt zu meinen Eltern wieder aufzunehmen. Und das Einzige, was mich davon abhält, ist die Tatsache, dass dies meinen Tod bedeuten könnte.

Und eben weil die Familie in Pakistan so wichtig ist, dachte ich damals nicht daran, dass sie tatsächlich Ernst machen würden. Aus diesem Grund ließ ich mich damals auf dieses Treffen ein. Dass die Verpflichtungen des Glaubens schwerer wiegen als die familiäre Bindung, sollte ich genau an diesem Tag erfahren.

Am frühen Nachmittag des 2. Juni 2001 betrat ich in Begleitung meines pakistanischen Bekannten die Wohnung meiner Eltern. Und wie sich herausstellen sollte, war meine Familie nicht allein: Ahmed, der Freund meines Vaters aus Sarleinsbach, war ebenfalls gekommen.

Dieses Gespräch würde schwierig werden, so viel stand fest. Meine Mutter bot uns nicht einmal *chai* an, und das, obwohl Gäste da waren. Wir gingen ins Wohnzimmer. Kaum hatte ich mich hingesetzt, ging plötzlich die Tür auf, und Salman kam herein. Salman! Wie um alles in der Welt kam er nach Österreich? Erst später sollte ich erfahren, dass meine Eltern ihn mittlerweile hinter meinem Rücken adoptiert und ihm damit die Einreise nach Österreich ermöglicht hatten. Es hatte also nichts genützt, dass ich mich so vehement dagegen gewehrt hatte, ein Visum für ihn zu besorgen.

Wortlos sah er mich an und setzte sich neben Ahmed.

Ob diese Geschichte mit dem Christentum eine Lüge von mir sei, wollte mein Vater wissen, eine neue Ausrede, um Salman nicht heiraten zu müssen.

Die Bibel habe mich davon überzeugt, dass das Christentum dem Islam eindeutig überlegen sei, erwiderte ich. Entsetzt sprang meine Mutter von ihrem Stuhl auf, doch mein Vater hielt sie zurück.

»Hör sofort auf damit! Du weißt, was mit dir passiert, wenn du so etwas sagst. Dafür kommst du eines Tages in die Hölle!«, schrie sie.

Ich stand auf. Es hatte keinen Sinn.

»Sabatina, bist du dir ganz sicher, dass du Christin sein möchtest?«, meldete sich Ahmed zu Wort, als ich das Zimmer verlassen wollte. Ich nickte, während ich Angst in mir aufsteigen spürte.

»Du weißt, was nach unserer Religion dann mit dir passiert, nicht wahr?« Ich schwieg.

»Normalerweise würdest du eine Frist von drei Tagen bekommen, um es dir noch einmal zu überlegen«, fuhr Ahmed fort. »Wir geben dir zwei Wochen. Wenn du nicht wieder Mohammed annimmst, müssen wir dich töten. Lass diese Frist nicht ungenützt verstreichen. Bitte, lass nicht zu, dass wir tun, was wir dann tun müssen.«

Die Drohung war so ohne jede Vorwarnung gekommen, dass ich fassungslos dastand. Ich hatte nicht die leiseste Ahnung, was ich darauf erwidern sollte. In diesem Moment stand Salman, der die ganze Zeit nur dagesessen und schweigend zugehört hatte, auf und ging zur Tür. Meine Mutter nickte, während mein Vater die Drohung noch einmal wiederholte. »Die Familienehre ist wichtiger als mein oder dein Leben«, sagte er. »Wer unserem Glauben den Rücken kehrt, hat den Tod verdient. Wir sterben lieber selbst, als mit dieser Schande weiterzuleben. Lass es nicht so weit kommen, kehre zum Glauben zurück.« Völlig benommen packte ich meine Handtasche und stürzte aus der Wohnung.

In meiner Verzweiflung rief ich meinen Freund Christian an. Er hatte mich mehrmals davor gewarnt, die Reaktion meiner Eltern zu unterschätzen, und nun war es passiert. »Du musst sofort zur Polizei gehen«, sagte er. »Das Ganze ist wirklich gefährlich.«

Das war genau das, was ich hatte verhindern wollen. Doch Christian ließ nicht locker. Am Ende siegte die Angst um mein eigenes Leben, und ich willigte ein.

Ich erzählte den Beamten meine Geschichte von Anfang an – von meinen anfänglichen Problemen mit meinen Eltern, den Schlägen meiner Mutter, meiner Flucht in die Notschlafstelle, der Reise nach Pakistan, von der Koranschule, meiner Verlobung mit meinem Cousin, meinem Übertritt zum Christentum und schließlich von der Todesdrohung, die meine eigenen Eltern und der Freund der Familie ausgesprochen hatten.

Ich muss zugeben, dass sich meine Schilderung wie die Story eines drittklassigen Drehbuchautors anhörte. Ich war achtzehn Jahre alt, und nach dieser Geschichte hatte ich in dieser kurzen Zeit wesentlich mehr erlebt als ein durchschnittlicher Erwachsener in seinem ganzen Leben. Das Schlimme war nur: Alles, was ich sagte, entsprach der Wahrheit, denn schließlich hatte ich es ja erlebt.

Trotzdem handelten die Polizisten sofort. Protokolle wurden aufgenommen und Telefonate geführt. »So, damit werden wir Ihre Eltern und diesen Ahmed in Haft nehmen, bis wir die Geständnisse haben«, verkündete der zuständige Beamte. Im ersten Moment entsetzte mich diese Vorstellung zutiefst, doch welche andere Möglichkeit blieb mir in dieser Situation? Schweren Herzens willigte ich ein.

Von der nächsten Telefonzelle aus rief ich Christian an, um zu beratschlagen, was ich als Nächstes tun sollte. Ich traute mich nicht in meine Wohnung, weil ich nicht wusste, ob mein Vater vielleicht dort schon auf mich wartete. Christian war zu Hause, erklärte sich aber bereit, sich an einer Straßenbahnhaltestelle in der Nähe der Wohnung seiner Eltern mit mir zu treffen.

Doch als ich kam, war weit und breit keine Spur von ihm. Es war bereits Nacht geworden und regnete in Strömen, deshalb setzte ich mich ins Wartehäuschen. Ich war vollkommen ratlos. Was sollte ich als Nächstes tun? Zu meinen Eltern gehen, sie um Entschuldigung bitten und behaupten, ich sei eine brave Muslimin? Dass mein Glaubenswechsel nur gespielt gewesen sei? Dass ich vielleicht sogar bereit sei, Salman zu heiraten? Ausgeschlossen! Völlig verzweifelt saß ich an der Straßenbahnhaltestelle vor Christians Haus, doch er kam und kam nicht. Nach einer Dreiviertelstunde ging ich zur nächsten Telefonzelle und rief ihn noch einmal an.

»Ich komme nicht, Sabatina«, sagte er. »Es ist mir zu gefährlich. Wir sollten uns lieber eine Zeit lang nicht sehen. Pass auf dich auf.« Und wieder brach meine Welt zusammen. Zum zweiten Mal an diesem Tag.

Die nächsten Tage verbrachte ich zurückgezogen in meiner Wohnung. Ich hatte keinen Job mehr und niemanden, mit dem ich mich hätte unterhalten können. Außerdem wurde langsam das Geld knapp, so dass ich keinen anderen Ausweg sah, als zur Caritas zu gehen und dort um Lebensmittel zu bitten.

Kurze Zeit später rief die Polizei an, um mich über die Ermittlungsergebnisse zu informieren. Zwar waren meine Eltern und Ahmed einvernommen worden, doch sie hatten angegeben, dass es niemals eine Todesdrohung gegeben habe. Damit stand fest, dass kein Verfahren gegen sie eingeleitet werden würde.

Hätte ich damals jemanden gehabt, mit dem ich darüber hätte reden können, wäre mir das nächste halbe Jahr zweifellos erspart geblieben. Doch meine Einsamkeit war so groß, dass ich es schließlich tat – ich rief meinen Vater an und erzählte ihm, das Ganze sei nur ein Irrtum gewesen.

Doch wenn ich geglaubt hatte, dass sich dadurch irgendetwas ändern würde, hatte ich mich gewaltig geirrt. Ganz im Gegenteil, denn meine Eltern fingen an, mich neuerlich unter Druck zu setzen. Immer wieder riefen sie mich an und verlangten von mir, dass ich wieder nach Hause kam und eindeutig Stellung zum Islam bezog. Wieder fing mein Vater an, sich vor meiner Tür zu postieren und mir zu drohen, dass er mich gewaltsam zurückholen würde.

Kaum hatten meine Eltern erfahren, wo ich arbeitete, tauchte mein Vater auf und machte vor allen Kollegen eine Szene, was zweimal unmittelbar nacheinander dazu führte, dass mir gekündigt wurde.

Immer wieder spielte ich mit dem Gedanken, Linz zu verlassen und mir irgendwo eine neue Existenz aufzubauen, doch ich brachte es nicht über mich.

Eines Abends Anfang 2002 klingelte das Telefon in meiner kleinen Wohnung. »Ich bin's, dein Mann«, sagte eine Stimme. Salman, von dem ich seit der Begegnung in der Wohnung meiner Eltern nichts mehr gehört hatte. Entsetzt legte ich auf. Das konnte nichts Gutes bedeuten.

Kurz darauf erhielt ich einen Anruf der Polizei, ich solle zum Revier kommen, da es etwas zu klären gebe.

Ich war sprachlos, als ich erfuhr, worum es ging: Meine Eltern hatten ihnen eine Heiratsurkunde von Salman und mir vorgelegt. »Diese Urkunde wurde von den pakistanischen Behörden ausgestellt und von der österreichischen Botschaft in Islamabad beglaubigt«, sagte einer der Polizisten, »nach österreichischem Recht sind Sie daher mit Ihrem Cousin verheiratet, Frau James.«

Ich wusste nicht, was ich dazu sagen sollte. Es war eine Lüge, eine plumpe Fälschung! Ich hatte Salman in Pakistan nicht geheiratet, sondern mich nur mit ihm verlobt. Und bei dieser Zeremonie war weder ein Beamter anwesend gewesen, noch hatte ich irgendetwas unterschrieben. Doch auf der Heiratsurkunde fand sich meine Unterschrift, wenngleich jeder Laie hätte erkennen können, dass sie nicht von mir stammen konnte. Als ich das den Polizisten erzählte, wurde zwar ein Protokoll aufgenommen, das mir jedoch auch nicht viel helfen würde. Die österreichische Botschaft in Pakistan hatte gründlich gearbeitet. Salman, seine Eltern und sämtliche Nachbarn waren angehört worden, und sie alle hatten angegeben, dass die Heirat stattgefunden habe. Doch meine Aussage zählte offenbar nicht. Welche Schritte ich unternommen habe, um die Anerkennung dieser Ehe zu verhindern, würde ein eigenes Buch füllen, sogar zu einer Scheinehe mit einem wildfremden Mann war ich bereit. Chancenlos und ohnmächtig vor Wut musste ich es akzeptieren: Ohne je geheiratet und eine Heiratsurkunde unterschrieben zu haben, war ich auf einmal die Frau eines Mannes, den ich aus tiefstem Herzen ablehnte.

Ich weiß nicht, wie viel Leid und seelische Grausamkeit man einem Menschen zufügen kann, bis er endgültig zerbricht. Meine Leidensfähigkeit jedenfalls war enorm, und wenn ich heute an diese Zeit zurückdenke, kann ich mich selbst nur wundern, wie viel ich damals ertragen habe. Mittlerweile waren die Bibel und mein Glaube an Jesus Christus die Konstante, die mir die Kraft gab, dem Druck standzuhalten, den meine Eltern auf mich ausübten. Es verging kein Tag ohne ihre Anrufe, und nachdem ich auf ihre Beschimpfungen nicht reagierte, erfanden sie immer neue Gründe, warum ich nach Hause kommen sollte. Sie erzählten mir, dass es meinem Großvater schlecht gehe und er erblinde, dann behaupteten sie, mein Onkel liege bereits im Sterben. Und natürlich gaben sie mir die Schuld daran. Vor allem Salman rief mich in dieser Zeit ständig an und setzte mir mehr und mehr zu. Einmal, im April 2002, bedrohte er mich sogar tätlich.

»Wo bist du?«, herrschte er mich am Telefon an. »Ich werde dich finden, und wenn du dann nicht mitkommst, passiert dir etwas!«

Im Lauf dieser Wochen und Monate wurde immer klarer, dass es nur einen Ausweg aus meiner Lage gab: Ich musste fliehen, Linz verlassen, und irgendwo ein neues Leben beginnen, wo meine Eltern mich nicht finden konnten. Damals wusste ich noch nicht, wohin ich gehen sollte, da ich nicht abschätzen konnte, wie weit der Einfluss meiner Eltern reichen würde. Doch in derselben Stadt zu leben wie sie, erschien mir unmöglich.

Der endgültige Bruch sollte schon bald kommen. Es war Samstag, der 15. Juni 2002, der Tag, der mein Leben endgültig veränderte. Ich lag noch im Bett, als um sieben Uhr morgens mein Telefon läutete. Mir war klar, dass es nur wieder meine Familie sein konnte, da mich sonst niemand um diese Uhrzeit anrief. Ich weiß bis heute nicht genau, warum ich damals eigentlich abhob.

Als ich seine Stimme hörte, war ich auf einen Schlag hellwach. Salman!

»Du verfluchte, elende Schlampe, du hast meinen Vater auf dem Gewissen!«, schrie er ins Telefon.

»Salman, was ist passiert?« Ich bemühte mich, ruhig zu klingen.

»Das weißt du genau, du Schlampe. Er ist gestorben.

Vor Gram, weil du nicht mit mir zusammenlebst. Du hast ihn umgebracht, und das wirst du büßen.«

In den letzten Wochen hatten mir meine Eltern schon mehrmals gesagt, dass es Salmans Vater schlecht gehe und dass er möglicherweise bald sterben würde. Und jedes Mal hatten sie mir die Schuld dafür gegeben, doch ich hatte das nicht ernst genommen. Ich bedauerte seinen Tod, da ich meinen Onkel immer sehr gern gemocht hatte. »Salman, beruhige dich. Ich habe ihn nicht umgebracht, und das weißt du auch.«

»Nichts weiß ich, gar nichts. Mein Vater ist tot, und er ist gestorben, weil du nicht mit mir zusammenlebst. Das hat ihn umgebracht, und jetzt reicht es mir. Du mit deinen unmöglichen Ideen! Ahmed hat Recht, man muss dich umbringen. Und genau das werde ich tun!«

Ich legte auf. Salman war wütend, das stand außer Zweifel. Der Tod seines Vaters hatte Salman so in Rage gebracht, dass er zu allem fähig war. Salman wusste, wo ich wohnte. Er würde hierher kommen und mir etwas antun.

Und mein Glaubenswechsel gab ihm nach den Gesetzen des Islam sogar noch das Recht dazu.

Wieder und wieder hatten mich meine Eltern in den letzten Wochen bedrängt, mich wieder klar und deutlich zum Islam zu bekennen, doch nun war ich reif genug, Jesus Christus nicht noch einmal zu verleugnen. Die Antwort gab mir das Neue Testament: *»Wer mich bekennt vor den Menschen, den will auch ich bekennen vor meinem himmlischen Vater. Wer mich aber verleugnet vor den Menschen, den werde ich auch verleugnen vor meinem himmlischen Vater.«*

(Matthäus 10, 32,33). Sie sollten wissen, dass ich Christin war – meine Eltern, Salman, Ahmed und mein Großvater, der Muezzin. Dafür war ich bereit, jeden Preis zu zahlen.

Und auf einmal sah ich alles klar und deutlich vor mir. Ich wusste, dass es so nicht weitergehen konnte. Meine Eltern würden mich immer weiter bedrohen und eines Tages ihre Drohung vielleicht sogar wahr machen – wenn nicht jetzt, dann irgendwann später. War ich hier sicher? Ich wusste es nicht, doch ich wusste, dass ich mich zumindest nicht sicher *fühlte.* Nicht jetzt, nicht hier, und wahrscheinlich auch nicht in Zukunft. Ich weiß nicht, ob Salman an diesem Tag tatsächlich zu meiner Wohnung gefahren ist. Ich wusste nur, dass ich von hier fort musste.

Und genau das tat ich.

An jenem Samstag verließ ich Linz – für immer.

Das pakistanische Gesetzbuch sieht für Gotteslästerung die Todesstrafe vor. Der entsprechende § 295 wurde 1991 verschärft und besagt, dass im Falle von Blasphemie gegen den Islam oder Mohammed nur auf Freispruch oder Todesurteil erkannt werden kann. Verhaftungen und Todesurteile aufgrund dieses Paragraphen bedrohen jeden Christen.

Immer wieder kommt es deswegen zu Prozessen, werden Todesurteile ausgesprochen. Gefährlicher als die pakistanische Justiz sind für die dort lebenden Christen jedoch die fanatischen Moslems, die häufig rund um die Prozesse ihre Mitbürger zu lynchen versuchen.

So wurde im Jahr 1998 ein 33-jähriger Vater von fünf Kindern aufgrund einer Beschuldigung durch einen Jugendlichen zum Tode verurteilt. Das Oberste Gericht hob das Urteil mangels ausreichender Beweise auf. Trotzdem bleibt er weiter inhaftiert. Er hat zwei Mordanschläge überlebt, und fanatische Muslime haben einen Eid geschworen, ihn zu töten. Alle 14 christlichen Familien in seinem Heimatdorf mussten fliehen und untertauchen.

Aus diesem Grund wird Christen aus Pakistan in Deutschland und Österreich aufgrund der Verfolgung in ihrem Heimatstaat Asyl gewährt.

All jenen Menschen ist dieses Buch gewidmet.

Epilog

Bis heute hat es keinen Mordanschlag auf mich gegeben. Bislang ist niemand in meine Wohnung eingebrochen, hat mir in einer dunklen Ecke aufgelauert oder konkret schriftlich gedroht. Ich weiß nicht, ob das jemals passieren wird, ich weiß nur, dass ich Angst habe.

Die Angst ist da. Die Angst, dass mich Angehörige nach den Gesetzen der Scharia ermorden könnten. Diese Angst ist so groß, dass ich kein normales Leben mehr führen kann. Ich lebe damit. Tag für Tag.

Seit ich aus Linz weggegangen bin, habe ich mehrmals mit meinen Eltern telefoniert. Immer mit demselben Resultat: Sie drohten mir. Einmal sagte mein Vater sogar, er hole bald meinen Großvater ins Land. »Großvater ist schon ein alter Mann, er wird bald sterben. Ihm macht es nichts aus, in ein österreichisches Gefängnis zu kommen.«

Ob sie es wirklich tun werden? Ich weiß es nicht. Und auch die Polizei, die über meine Situation informiert ist, kann es mir nicht sagen. Einerseits kann ich es mir kaum vorstellen, dass sie mich tatsächlich töten würden. Was auch immer geschehen ist – ich bin schließlich immer noch ihr Kind. Andererseits gibt es die Scharia, die für die Pakistanis in Österreich dieselbe Gültigkeit hat, als würden sie noch heute in ihrer Heimat leben. Und gemäß der Scharia bin ich eine Schande für meine Familie, für meine ganze Sippe, für alle Moslems. Nach der Scharia hätte jeder Moslem das Recht, mich umzubringen, und würde in einem islamischen Staat noch nicht einmal dafür bestraft werden.

Seit ich im Juni 2002 Linz verlassen habe, lebe ich ständig auf der Flucht. Zuerst fand ich ein paar Wochen bei einer alten Schulfreundin Unterschlupf. Von dort ging es weiter nach Deutschland. Als ich auch dort nicht mehr bleiben konnte, weil mein Gastgeber Angst bekam, kehrte ich nach Österreich zurück. Über einen ehemaligen Arbeitskollegen fand ich eine kleine Wohnung in Wien, doch als ich unmittelbar vor dem Haus einem Bekannten meiner Eltern in die Arme lief, fühlte ich mich auch dort nicht mehr sicher. Ich zog von einem Bekannten zum nächsten und lebe nun in einer Wohnung eines Freundes, die ihm gleichzeitig als Büro dient.

Es ist ein einsames Leben, das ich nun führe. Zu meinen Freunden aus Linz habe ich kaum Kontakt, weil ich ihnen nicht sagen will, wo ich mich gerade aufhalte. In meiner neuen Stadt hingegen kenne ich niemanden. Wie sollte ich auch? Ich traue mich nicht, abends auszugehen, weil ich nicht weiß, ob mich jemand entdecken könnte. Ich gehe nicht einkaufen, nicht ins Kino, und wenn ich einen Arzt aufsuchen muss, dann nur in Begleitung meines Bekannten.

Auch mit der Polizei stehe ich regelmäßig in Kontakt. Sie kennt meinen Aufenthaltsort, und vor allem an den Wochenenden, wenn ich allein in der Wohnung sitze, höre ich oft, wie ein Streifenwagen vorbeifährt und offenbar kontrolliert, ob bei mir alles in Ordnung ist.

Ich weiß nicht, wie lange ich so noch weiterleben kann. Denn mein Leben ist so weit von dem entfernt, wie ich es mir eigentlich vorgestellt habe – ich habe noch nicht einmal einen Job, weil es zu gefährlich wäre, in irgendeiner

Firma zu arbeiten anzufangen. Meine Eltern würden es herausfinden, und dann würde mein Vater wieder kommen und mich beschimpfen. Im besten Fall. An den schlimmsten Fall will ich lieber nicht denken.

Manchmal mache ich mir Vorwürfe, dass alles so gekommen ist. Dann frage ich mich, ob ich es zu weit getrieben habe. Dass ich meine Eltern nicht mit meiner Christwerdung hätte konfrontieren dürfen. Dann könnte ich weiter in ihrer Nähe leben, und zumindest für sie wäre alles gut. Ich müsste nicht um mein Leben fürchten und könnte zumindest mein eigenes Geld verdienen.

Aber eigentlich will ich das nicht: Ich will meinen Glauben, meine Überzeugung nicht verstecken. Und ich verstehe nicht, warum das nicht möglich ist. Wir leben doch in einem zivilisierten, westlichen Land. Warum um alles in der Welt lässt man mich dann nicht in Ruhe?

Vor ein paar Wochen habe ich mich mit Salman getroffen, in einer Bushaltestelle in Linz. Zwei Bekannte von mir waren dabei, um mir im Notfall helfen zu können. Ich hatte gehofft, ich könnte ihn überzeugen. Er war doch schließlich so alt wie ich und mittlerweile schon seit zwei Jahren in Österreich. Deshalb hoffte ich, er würde verstehen, dass mir dieses Land und diese Kultur näher sind als alles, was mir Pakistan zu bieten hat. Wie schon damals in Lahore hatte ich die Hoffnung, dass er dem Spuk ein Ende bereiten würde, indem er meine Familie davon überzeugte, mich endlich in Ruhe zu lassen. Doch er tat es nicht. Er wollte es nicht, denn auch er verstand mich nicht. Eine knappe halbe Stunde haben wir miteinander gesprochen, und als wir uns trennten, war ich genau so deprimiert wie zuvor. Mir war klar geworden, dass meine Familie ihre Meinung nicht ändern würde, und fuhr zurück in mein Versteck.

Ich weiß nicht, was noch passieren muss, damit ich endlich in Frieden leben kann. Mir sind die Hände gebunden, ich kann nichts tun. Außer darauf warten, dass sich der Islam und das Christentum irgendwann einmal besser verstehen.

Corinne Hofmann

Die weiße Massai

Die große Liebe in einer fremden Welt

Die Schweizerin Corinne Hofmann hat gegen jede Vernunft alle Brücken hinter sich abgebrochen, um den Mann ihres Lebens heiraten zu können – den Massai-Krieger Lketinga. Vier Jahre lebte sie im afrikanischen Busch und erfuhr dabei Himmel und Hölle zugleich: Die Verständigung mit ihrem Mann und seiner Familie ist schwierig, die Ernährung ungewohnt, das Rollenverständnis völlig anders. Als ihre Tochter geboren wird, scheint sich alles zum Guten zu wenden …

Eine Liebesgeschichte der ganz besonderen Art!

»Corinne Hofmanns uneitles Buch lädt ein
zum intensiven Eintauchen
in ein uns unvorstellbares Leben.«
Münchner Merkur

Knaur Taschenbuch Verlag